神秘的玛雅
THE ANCIENT MAYA
揭开印第安三大古文明之一的神秘面纱

[英] 查尔斯·金杰 凯瑟琳·马什 编著
刘剑锋 贺璐 译

中国画报出版社·北京

图书在版编目（CIP）数据

神秘的玛雅 /（英）查尔斯·金杰,（英）凯瑟琳·马什编著；刘剑锋,贺璐译. -- 北京：中国画报出版社, 2023.4（2023.10重印）

（萤火虫书系）

书名原文：Ancient Maya

ISBN 978-7-5146-2187-7

Ⅰ. ①神… Ⅱ. ①查… ②凯… ③刘… ④贺… Ⅲ. ①玛雅文化 Ⅳ. ①K731.2

中国国家版本馆CIP数据核字(2023)第028059号

Articles in this issue are translated or reproduced from All About History: Book of the Ancient Maya Second Edition and are the copyright of or licensed to Future Publishing Limited, a Future plc group company, UK 2021.

FUTURE

北京市版权局著作权合同登记号：01-2022-5613

神秘的玛雅

【英】查尔斯·金杰 凯瑟琳·马什 编著 刘剑锋 贺璐 译

出 版 人：	方允仲
审　　校：	崔学森
责任编辑：	李　媛
内文排版：	赵艳超
责任印制：	焦　洋

出版发行：中国画报出版社

地　　址：中国北京市海淀区车公庄西路33号　邮编：100048

发 行 部：010-88417418　010-68414683（传真）

总编室兼传真：010-88417359　　版权部：010-88417359

开　本：16开（787mm×1092mm）

印　张：12.25

字　数：220千字

版　次：2023年4月第1版　　2023年10月第2次印刷

印　刷：北京汇瑞嘉合文化发展有限公司

书　号：978-7-5146-2187-7

定　价：72.00元

欢迎来到
玛雅的世界

    玛雅人曾生活在拉丁美洲的丛林之中，开创了伟大的玛雅文明。玛雅文明至今仍有许多未解之谜和神秘传说。本书记录了玛雅人的文字、先进发明、宗教献祭仪式、迷人的艺术品以及摧毁玛雅城邦的残酷战争。书中也收录了玛雅菜谱——为何不卷起袖子来做一顿玛雅大餐呢！只要你想，你也可以做出香甜可口的玛雅巧克力饮料和软糯美味的玉米粉粽子。如果在玛雅城邦的废墟上漫步，走过摇摇欲坠的玛雅神庙和埋藏尸骨的坟墓，你也许会发现玛雅文字和玛雅信仰的秘密，但前提是要安抚好玛雅众神。那些玛雅解密者将会揭开西班牙人入侵玛雅和冈萨洛（为玛雅人而战的西班牙人）反抗西班牙人的故事，也将呈现玛雅后代为保护玛雅遗产所做的不懈努力。

目录

玛雅人崛起

8　早期玛雅社会
18　解读玛雅历法
20　"众神保佑众王"

古典时期

32　黄金时代
39　帕伦克城
48　卡拉克穆尔城
55　蒂卡尔城
63　古典玛雅衰落
73　奇琴伊察古城

玛雅的科学、文字与宗教祭祀

― ― ―

85　玛雅的秘密
97　玛雅人的日常生活
103　像玛雅人一样烹饪
110　制作玛雅巧克力饮料
115　玛雅文字
122　玛雅神话与玛雅宗教
132　中美洲的科学
138　艺术和建筑

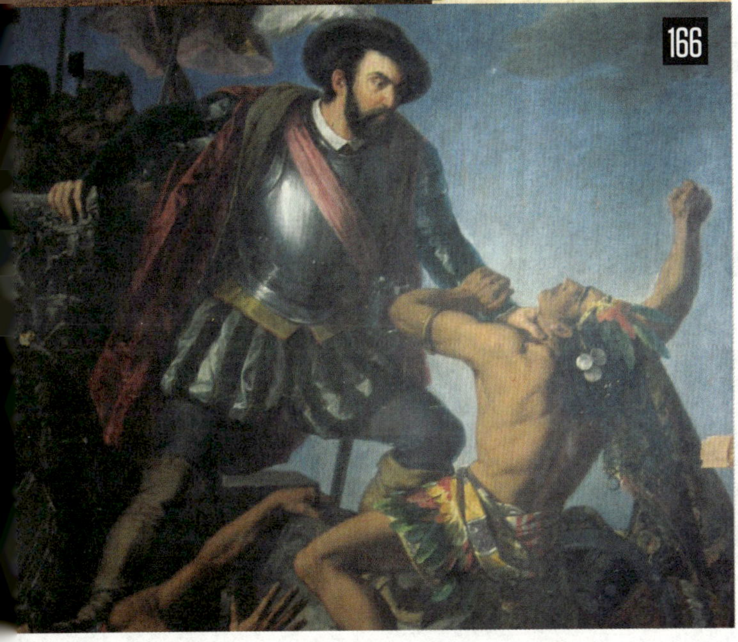

玛雅文明落幕之际

― ― ―

147　玛雅王朝终结前的垂死挣扎
157　战争传奇人物
167　西班牙人入侵
176　玛雅反抗失败
186　玛雅社会落下帷幕
192　探索玛雅世界

玛雅人崛起

08 早期玛雅社会
伟大玛雅文明的种子早在几千年前便被播种，在古典时期收获

18 解读玛雅历法
满怀激情的天文学家玛雅人创造了高度复杂的历法，并据此预测未来

20 "众神保佑众王"
玛雅城邦的国王并非凡夫俗子，他们负责保护城民安全和维护城邦繁荣发展

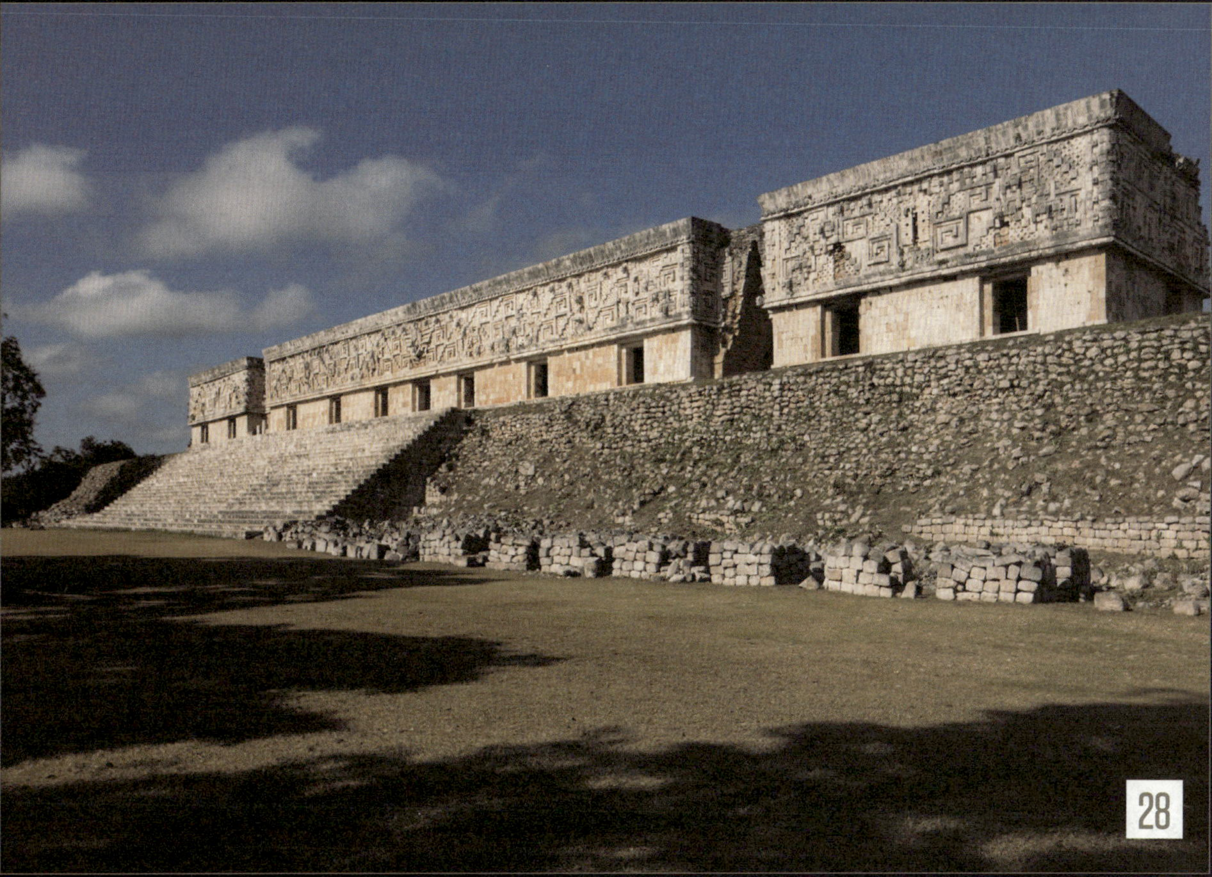

28

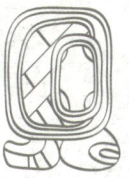

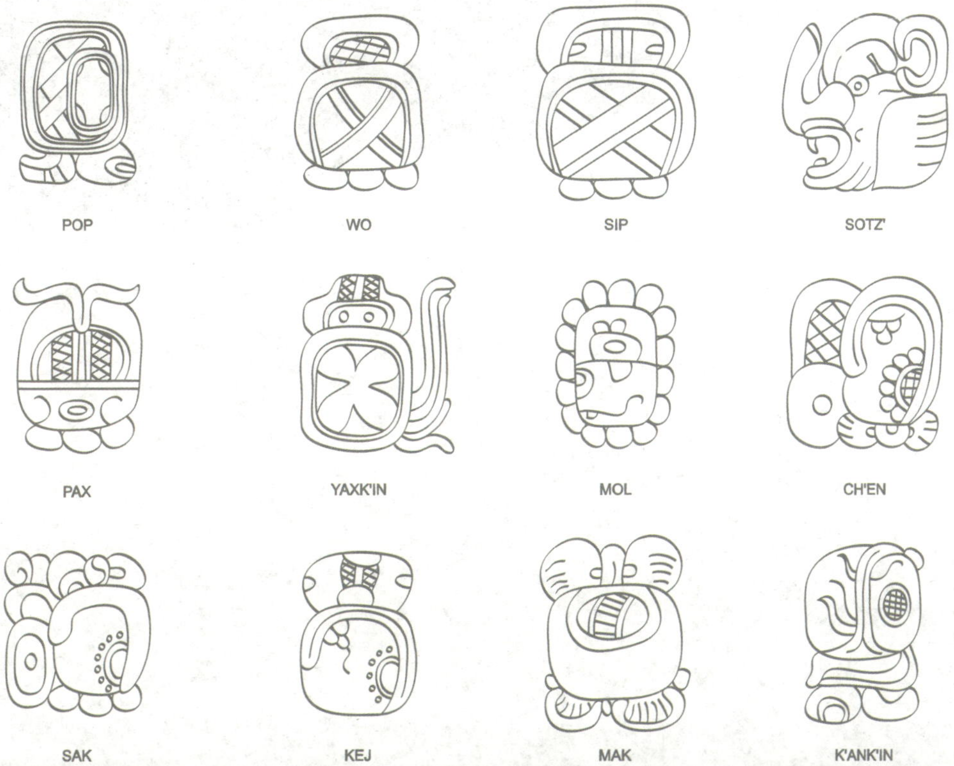
POP
WO
SIP
SOTZ'
PAX
YAXK'IN
MOL
CH'EN
SAK
KEJ
MAK
K'ANK'IN

19

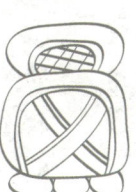

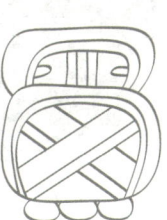

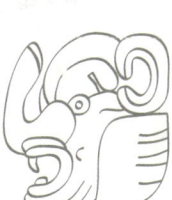

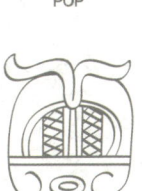

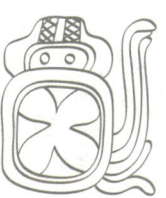

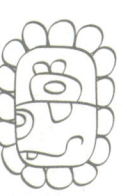

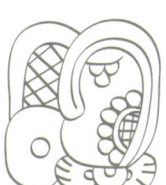

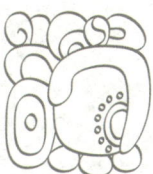

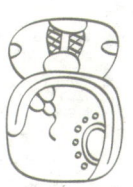

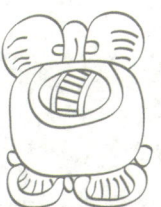

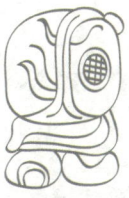

早期玛雅社会

玛雅最出色的建筑、艺术及其影响力存在于古典时期,但奠基于前古典时期

多米尼克·伊姆斯(Dominic Eames)

玛雅文明诞生于中美洲文明的摇篮中。玛雅人没有继续建立一个统治古代世界的帝国,也没有扩张土地;相反,考古学家和历史学家过去常常认为玛雅人只是和平的观星者,玛雅人在天文学和日历制作方面的技能便是佐证。关于玛雅人仍有许多未解之谜,但我们比以往任何时候都更清楚,他们改变了美洲风景,也改变了历史。

中美洲遗址周围仍可见的数百个球场之一

玛雅文明是在前古典时期（约公元前1500年至300年）逐渐发展起来的，那时在世界范围内，埃及法老成为至高无上的统治者；米诺斯文明（Minoans）①繁荣后又没落；新亚述帝国（Neo-Assyrian Empire）②统治着美索不达米亚地区；第一届奥运会在希腊举行；罗马城建立；中国各诸侯国在实现大一统之前群雄逐鹿，战火不断。与此同时，玛雅人已经从依靠狩猎采集谋生发展到能建造不朽的城邦，城邦之间发动战争，建立了令人印象深刻的贸易往来，创造出了复杂的文字和日历系统——然而这一切成就并非玛雅人的全部实力。

玛雅人最早居住在如今危地马拉（Guatemala）濒临的太平洋沿岸。在前古典时期，玛雅人进入内陆，分散而居，且适应了各地的环境。他们居住在墨西哥东南部、伯利兹（Belize）以及洪都拉斯（Honduras）和萨尔瓦多（El Salvador）的部分地区。从危地马拉山脉（Guatemala's mountain）的高地到尤卡坦半岛（the Yucatán Peninsula）③的低地，他们所居之处皆繁荣昌盛。

▲ 这个翡翠雕刻与奥尔梅克人的雕刻风格有些相似之处

但这并不是说该地区是伟大古代文明扎根的理想之地。世界上其他的"文明摇篮"出现在肥沃的河谷附近（中国有黄河，埃及有尼罗河，美索不达米亚有底格里斯河和幼发拉底河），但中美洲文明则得益于当地的石灰岩洞和茂密的森林。中美洲半年都为雨季，另一半年则为旱季。

① 米诺斯文明：爱琴海地区的古代文明，出现于古希腊，迈锡尼文明之前的青铜时代，约公元前2850—前1450年。——译注
② 新亚述帝国：公元前900年以后，亚述第三次复兴后建立起来的庞大帝国。——译注
③ 尤卡坦半岛：在地理上自成单元，历史上也和墨西哥的核心部分区分。这一地带有着众多玛雅文明的遗迹。——译注

在半年旱季时，淡水供应十分紧缺，玛雅人不得不与长时间的干旱做斗争。石灰岩则至少可以用来制造一些耐用的建筑材料。

运用一些确保能获取水源的创新方法对玛雅人的生存至关重要。其中一种方法是用沙子过滤地下洞穴中自然积聚的咸水；在蒂卡尔（Tikal）和帕伦克（Palenque）等主要城邦遗址上的考古发现显示，玛雅人还使用水坝和水库收集雨水。他们在山坡上挖出沟渠，使水能够流入大型人造洞穴，也就是地面上的大洞，该洞用一种名为斯达科（stucco）的灰泥填在洞穴底部充

▲ 大都市埃尔米拉多的昔日辉煌只剩下如今这一角遗迹

当防水层。

早在前古典时期之前，中美洲人就一直采用各种方法农耕。

起初，他们采用了"刀耕火种"的方式耕作，比如砍伐森林来开垦农田，烧毁被砍伐的树木来使土壤变得更肥沃。有趣的是，玛雅人砍伐森林不仅是为了种植农作物，也是为了获取覆盖建筑物和铺设道路的灰泥。砍伐森林给该地区造成了十分严重的环境问题，这可能是最终导致玛雅文明衰落的原因之一。

早期的玛雅人掌握了农耕技术，种植玉米、豆类和南瓜作为主食，也种植了木薯、辣椒等其他作物。事实证明耕种很成功，因为对现今出土的玛雅人的骨骼分析表明，在前古典时期，玉米是玛雅人饮食的主要组成部分。然而，他们仍然依靠打猎、捕鱼（捕鱼在沿海村庄要比内陆更普遍）和饲养家禽生存。

在公元前1000年左右，玛雅人已经成为中美洲文化中独特的群体，并发展出了复杂的社会。他们最初的定居范围很小，但当时玛雅人已经发展出了各种形式的政治结构，其基础是神授君权的统治、社会等级制度和宗教习俗。这些政治结构之后也在继续沿用。这些玛雅人迁徙到今天的伯利兹后，建造了科尔哈（Colha）、库埃洛（Cuello）和拉马奈（Lamanai）三个村庄，拉马奈村发展成了一个主要城邦，三千年里一直有人居住。

随着玛雅世界规模不断扩大，不同人口群体之间的差异也在扩大。这可以从文化习俗或方言中看出来。与墨西哥中部的阿兹特克人（the Aztecs）或安第斯山脉的印加人（the Incas）不同，玛雅人从未意识到自己是玛雅人这个单一

▲ 埃尔米拉多的巨型旦达金字塔来自玛雅前古典时期

身份中的一部分，当然也从未在政治上团结一致过。实际上，他们甚至没有称自己为"玛雅人"（这个术语后来被赋予了这种文化）。与之相反，就像古希腊一样，他们形成了独立的自治城邦，同时保持着共同的"玛雅"根源。

这些刚建立的城邦与其他中美洲文明有所接触，特别是奥尔梅克文明（Olmecs）①。当时，奥尔梅克人建城已久，处于权力顶峰，事实证明他们是玛雅人的重要贸易伙伴，而且玛雅人和奥尔梅克人之间思想的联系和交流也对玛雅文化产生了长期且深远的影响。玛雅人吸收了奥尔梅克人从崇拜美洲豹到崇拜像羽蛇和玉米神这样的个体神灵的基本信仰以及语言和艺术风格元素。在玛雅城邦"Tak'alik Ab'aj"（译为站立的石头）的遗址中，考古学家发现了与奥尔梅克人非常相似的雕塑，其中有看起来像玛雅人的著名巨石头像。

也许一开始是奥尔梅克人的影响在一定程度上激励了玛雅人把他们的村庄建设为城邦。纳克

---

① 奥尔梅克文明：已知的最古老的美洲文明之一。它存在和繁盛于公元前 1200—前 400 年的中美洲（现在的墨西哥中南部）。——译注

什么是奥尔梅克文明?

玛雅人有理由感谢这些"橡胶人"和他们的巨石头像

如果中美洲是美洲文明的摇篮,那么可以将奥尔梅克文化视为中美洲所出现的民族文化的起源。奥尔梅克是一个伟大的文明,在公元前1200年达到顶峰,地处如今墨西哥的韦拉克鲁斯州(Veracruz)和塔巴斯科州(Tabasco)。

不朽的建筑、神话、信仰和神灵,对美洲豹的崇拜,以及球类游戏"波塔波",只是奥尔梅克文化传播到中美洲其他民族(包括玛雅人)的一些文化特征。他们的名字奥尔梅克实际上来自纳瓦特尔语(Nahuatl,阿兹特克人的语言),意思是"橡胶人",因为他们从树上提取乳胶,并将其与藤蔓上的汁液混合制成橡胶。

从圣洛伦佐城(San Lorenzo)开始,奥尔梅克人建造了许多拥有土木防御工事、石头纪念碑和大型建筑的城邦。然而,奥尔梅克人现在最出名的是他们所雕刻的巨型石雕头像,这些头像脸部扁平,戴着头盔(可能是为了打球)。奥尔梅克人也是小型石雕头像大师,用玉器、陶器和木头进行雕刻。他们还建立了广泛的贸易网络,这对玛雅文化产生了重大影响。到公元前400年,奥尔梅克文明不断衰落,但他们的影响力仍在美洲延续。

▲ 巨石头像是奥尔梅克人的标志,其中一些石像的高度可达3.5米

贝(Nakbe)是玛雅最早的城邦之一,在公元前8世纪已经有人居住并扩展到了前所未有的规模,此地建有许多巨型平台,平台之上可建造许多石灰石建筑。这标志着纳克贝从主要的定居点变成了拥有公民、政治和宗教中心的城邦。随着时间的推移,纳克贝建成了一座高46米的金字塔,还有极具象征性的"波塔波"(Pok-Ta-Pok)球赛的首批球场,碾碎的白色灰泥所筑成的堤道将这些建筑连接起来。

因此,尽管如今在玛雅各大城邦遗址中看到的不朽建筑大多可以追溯到前古典时期之后的

▲ 通向位于纳克贝的金字塔的台阶。纳克贝是玛雅人的早期聚居地

一千年（当时玛雅文明蓬勃发展），但兴建建筑始于前古典时期。这些城邦也在灌溉方面取得了进步，农业得到了改善，养活了日益增长的人口。

没有比埃尔米拉多（El Mirador）更好的地方了。这座前古典时期晚期的巨型城邦预示着玛雅城邦的未来，该城邦中心占地 26 平方公里，拥有数千座建筑。即使建在沼泽附近，玛雅人也利用了这一地理环境。他们在泥土中加入一些石灰，使土壤更加肥沃，供庄稼生长，这使得埃尔米拉多可以养活大约 10 万人（但也可能高达 20 万人），可以与古典时期最大的城邦和其他中美洲大都市相媲美，比如特奥蒂瓦坎古城（Teotihuacán）和处于鼎盛时期的阿兹特克首府特诺奇蒂特兰（Tenochtitlán）。该遗址有两座巨型金字塔：埃尔米拉多金字塔和旦达金字塔（La Danta），分别高 55 米和 72 米。虽然没有其他古代金字塔那么高，但旦达金字塔是有史以来最大的金字塔之一，其体积为 280 万立方米。

不过，金字塔并不是玛雅城邦中神圣场地中的唯一建筑。在埃尔米拉多和纳克贝，"波塔波"球赛场地都建在市中心，离广场不远，靠近寺庙和宫殿。这种球类游戏不仅仅是一项简单的运动，还具有精神意义，代表了玛雅人对创造的信仰。在可能起源于奥尔梅克文明的中美洲文化中也可以看到类似的球赛，当时还建有成千上万个球场。

"波塔波"球赛中，两支球队在一个两边都有倾斜墙壁的狭窄场地上进行比赛。球员需要把一个沉重的橡皮球抛到空中，把它传给队友，要么是为了让它进入对手的终点区（就像今天的美式橄榄球一样），要么是把它扔过一个挂在侧壁上的石环（有点像篮球）。然而，球员们不能用手或脚击球，只能用臀部、膝盖、肩膀和头部击球。球重约 4 公斤，因此有时会造成球员重伤。

"波塔波"球赛是一场面向神灵的宗教表演。在球场两侧发现的壁画【包括在奇琴伊察古

其他文明的摇篮

中国
黄河被认为是中华文明的摇篮。早在公元前 7000 年，在黄河的灌溉下，就有几个聚落因种植水稻而繁荣昌盛。中国北方的裴李岗文化[1]中有几十个聚落，源起于贾湖文化。

美索不达米亚
新石器时代的证据可以追溯到公元前 10000 年或公元前 11000 年。底格里斯河和幼发拉底河在此地汇合，为今天的伊拉克、伊朗和周边国家提供了肥沃土壤和充足水源。

埃及
在金字塔和法老出现之前，埃及在公元前 6000 年左右就出现了人类定居点。与美索不达米亚非常相似的是，埃及位于"肥沃的新月"（一片适合发展农业的新月形土壤）上。在埃及，人们依靠尼罗河生活。

印度河流域
印度次大陆（the Indian subcontinent）[2]上最早的遗址之一是比拉纳，可以追溯到公元前 8000 年或公元前 7000 年。虽然印度河流域文明直到 3 世纪才蓬勃发展，但它影响了如今的巴基斯坦、阿富汗和印度。

安第斯山脉
美洲的其他文明出现在秘鲁安第斯地区周围——也许最古老的是公元前 4000 年太平洋沿岸的北奇科文明（the Norte Chico）[3]——以及三条河流：福塔莱萨河（the Fortaleza）、帕蒂维尔卡河（the Pativilca）和苏佩河（the Supe）周围的山谷。

▲ 史前时代的石碑上很少有文字

---

① 裴李岗文化：指分布于黄河中游的一种新石器时代文化，是中原地区发现的最早的新石器时代文化之一，因最早在河南新郑的裴李岗村发掘并认定而得名。裴李岗文化是仰韶文化的源头之一，也就是华夏文明的来源之一。分布范围以新郑为中心，东至河南东部，西至河南西部，南至大别山，北至太行山。重要遗址还包括临汝中山寨遗址、长葛石固遗址。——译注
② 印度次大陆：印度次大陆是地理上对喜马拉雅山以南的亚欧大陆的南延部分的叫法，也称作南亚次大陆、印巴次大陆。大体位于北纬 8°至 37°、东经 61°至 97°之间。包括了印度、巴基斯坦、尼泊尔、不丹、孟加拉国、斯里兰卡等国家，总面积约为 430 万平方公里，人口约为 17 亿。——译注
③ 北奇科文明：北半球的北奇科文明是前哥伦布时代的一个复杂社会，它由现代秘鲁北方的 30 多个地区组成。——译注

城（Chichén Itzá）发现的壁画】中描绘了人类的祭祀场景，有人认为这意味着输掉比赛的球队队员将会被杀。在战斗中被俘的囚犯可能会按照仪式被处决，方法是让他们玩这个游戏，并确保他们输掉比赛。然而，有证据表明，实际上可能是获胜者才能献祭，这被视为一种荣誉。

仅在卡米纳留宇城（the city of Kaminaljuyu）就发现了12个球场。在如今危地马拉首都的地下，卡米纳留宇城曾作为前古典时期玛雅的巨大贸易中心而蓬勃发展。由于这座新城坐落在山顶上，人们可能永远无法完全了解该城遗址的真实规模。幸运的是，此地有大量发现，其中包括数百万件陶器和碎片，以及绘有统治者形象的石碑。虽然这些物品上面没有文字（在古典时期这些物品也更加普遍），但它们确定了卡米纳留宇城作为重要考古遗址的地位。

这座前古典时期城邦贸易成功的原因是附近有一个巨大的黑曜石矿藏。火山玻璃（Volcanic

▼ 2001年圣巴托洛壁画的发现具有里程碑意义

glass）①一直是玛雅人的珍品，它可以被磨成刀和矛尖等武器，也可以用作镜子。卡米纳留宇城由于控制了该地区的黑曜石供应，维持了几个世纪的统治。在那个时期，其他珍贵的贸易商品有玉石、盐和可可，同时因为陶器附有简单、优雅的图案，该类工艺品也变得更加流行。

最容易与后来的玛雅人联系在一起的玛雅艺术，在前古典时期的一千年里变得更加繁复。也许其最好的例子是在危地马拉佩滕（Petén）的圣巴托洛（San Bartolo）遗址出土的壁画。这些壁画被称为前古典时期玛雅艺术的"西斯廷教堂"，可以追溯到公元前100年，目前其颜色依然鲜艳，但这座城邦本身要古老得多。

这些壁画描绘了神话故事场景和各种玛雅神（比如玛雅的英雄双胞胎和玉米神），还有其他壁画展示了国王在社会中的地位：在加冕典礼上，国王的身体被刺穿向神献血。在圣巴托洛还发现了公元前3世纪的铭文，成为已知的最早的玛雅字形样本之一，也是对历法系统的参考。2001年在圣巴托洛发现的壁画极大地加深了我们对玛雅人的了解——随着每一次新发现带来更多的信息，我们可能会突然改变对玛雅人这一神秘人群的认识。

在前古典时期结束之前，玛雅文明有很多城邦，随着人们迁徙的步伐加快和居民数量的持续增加，更多城邦建立起来。这些城邦建立之初规模不大，但其中许多城邦为下一个千年里出现的强大城邦奠定了基础。

玛雅人在其他领域也取得了巨大进步。他们的书写方法是中美洲最复杂的书写系统之一，在西班牙入侵玛雅之前一直在使用。他们还精通数学和天文学，从而改进了三个（而非一个）极其精确的日历系统。

这段玛雅历史有一个神秘的结局。玛雅文明似乎突然停止了稳步发展，其中原因只能猜测，像纳克贝、埃尔米拉多和卡米纳留宇这样的城邦被遗弃了。直到3世纪，玛雅人才真正开始走向力量巅峰。

---

① 火山玻璃：指由火山喷发出来的熔岩迅速冷却、来不及结晶而形成的一种玻璃质结构岩石。无一定的形状，有珍珠状、气孔状或不规则状。酸性熔浆因黏度大、温度低，在迅速冷却条件下更容易形成玻璃质。——译注

解读玛雅历法

这个神秘的中美洲文明是如何记录过去的日期、月份和数千年时光的?

斯科特·达菲尔德（Scott Dutfield）

最让人感兴趣的玛雅人的创新或许是复杂的日历系统。近年来，玛雅历法与不切实际的末日预言有关，但玛雅文明能记载时间的独创性更令人着迷。

玛雅人发明的并不是如今所使用的日历——该地区早期哥伦布时代的文明也使用了类似的计时系统——但他们确实创建了如今日历的雏形。玛雅历法由三个相互关联的历法组成，分别称为卓尔金历【the Tzolkin，神历（the "divine calendar"）】①、哈布历【the Haab'，民事历法（the "civil calendar"）】②和长纪历（the Long Count）③。

三者中计时单位最小的卓尔金历记载单独的日子，类似于现代公历记载工作日。然而，当时的工作日不是7天，而是13天，用20个字符序列命名，可将其与我们使用的星期一、星期二等星期天数代号进行比较。卓尔金历的一个完整周期为260天——相当于9个农历周期，由人类的孕期发展而来。

哈布历记载太阳年（整365天），将太阳年总共分为18个月，每个月长20天，剩下最后一个月只有5天，用19个字符表示各个月份。

卓尔金历和哈布历可以一起用来定义日期。就像我们所说的1月1日星期三，在玛雅历法中，写出来应该是10 Manik'（卓尔金历），15 K'ank'in（哈布历）。然而，与我们现今所使用的公历不同，相同的日期不是每年重复一次，而是每52年重复一次——这段时间被称为日历轮回。到52年一个周期结束时，存在18980个独特的日期组合。这些日期组合呈现

---

① 卓尔金历：亦称神历，每年260天，由20个神明图像和0到12的13个数字不断组合循环，就像中国的天干地支不断搭配组合，得到260种组合图标，代表260天。——译注
② 哈布历：玛雅的阳历，由每月20天的18个月，加上年末5日、被称为Wayeb（或在16世纪的正字法中为Uayeb）的"无名日"组成。——译注
③ 长纪历：以神话起点的所经天数为基础，并向上延伸，以表示未来中的任何日期。这个历法采用了进位制，系统中的每一个位数皆表示特定天数的增加倍数。玛雅数字系统本质上是二十进制（基数为20），即每个位数皆表示前一个位数的20倍。——译注

在两个同心轮之上，内轮和外轮上分别标有卓尔金历和哈布历的字形。两个轮子会朝相反的方向旋转，形成不同的日期组合。

长纪历被用来记载更长的时间段，也就是人们所称的"世界周期"。我们计算公历的初始日为所估计的耶稣基督诞生日，但玛雅历法所计算的初始日要早得多，相当于公元前3114年8月11日。玛雅人认为该日是生命源起之日。在指定当前年份时，玛雅人会利用长纪历记录自生命出现以来已经过去了多少天、多少月、多少年、多少世纪和多少千年。长纪历所记载的一个周期大约为7885年。但是，与现代末日论相反，一个周期结束并不预示着玛雅末日来临，它只是标志着一个新的世界周期开始。

▲ 这些是哈布历中18个月及年末5日（Wayeb）的字符

世界末日预言

玛雅历法真的预言了世界末日吗？

就像我们现代的日历设定了十年、百年和千年等重要时间节点一样，玛雅人设计了时间单位，起算点是生命出现之日。一日被称为"k'in"，"20 k'in"被称为"uinal"（月）。18个月相当于"tun"（一年），20个月被称为"katun"。最后，20"katun"加起来就是"baktun"（144000天）。

这些时间的测量值也是玛雅人在长纪历中记录这一年的方式。玛雅神话中的创世日期的代表符号是13.0.0.0.0（相当于13 baktuns、0 katun、0 tun、0 unial及0 k'in），意味着经历了13个"baktun"周期，也就是5125年多一点的大周期之后，又开始一个新周期。这导致一些人声称这是玛雅人的末日预言，预言世界将在2012年12月21日这个周期重置之时结束，但考古学家所研究的遗址或石碑表明玛雅人没有这一说法。显然，世界并没有走向末日，而是安全地进入了下一轮13个"baktun"周期。

◀ 这个长纪历用7个较小的字形（从左向右移动）代表 baktun、katun、tun、unial、k'in，来表示不同的日期含义以及玛雅记载日期的卓尔金历和哈布历

"众神保佑众王"

模仿神圣的美洲豹,践踏战败敌人的身体,习惯羽毛头饰的瘙痒——这些只是玛雅伟大统治者职责的一部分。他们还建造了具有惊人美感的城市,并曾担任世界统治者的角色

乔恩·赖特(Jon Wright)

"黑暗阴影中出现了童话般的景象,一个奇妙而超然的第二世界。"这是墨西哥考古学家阿尔贝托·鲁兹·鲁里耶(Alberto Ruz Lhuillier)在1952年第一次进入巴加尔二世(K'inich Janaab'Pakal)坟墓时的震惊之语。从615年到683年,巴加尔一直统治着繁华的玛雅城邦帕伦克,该城位于如今的墨西哥恰帕斯州(Chiapas)。

一幅7世纪的雕刻描绘了一位太阳祭祀的牧师和一位雨神的牧师向帕伦克统治者献祭

巴加尔的石棺位于帕伦克城邦铭文神庙（Templo de las Inscripciones）[①]下方，巨大的石棺盖上的雕刻显示，巴加尔将首先前往玛雅地下世界西巴尔巴（Xibalba）[②]，然后向上攀登传说中的世界树（World Tree）[③]。巴加尔为其冒险之旅装备齐整，戴有令人惊叹的死亡面具，质量最为上乘的玉颈圈、项链和戒指。他的石棺展示了他祖先的形象，让人想起玛雅玉米神的象征意义，玛雅玉米神象征着轮回和再生的永恒循环。巴加尔的旅程还远未结束，研究者认为从墓穴伸出的一根石管很可能是一条"精神管道"：巴加尔的灵魂可通过该管道前往神庙与朝拜者见面。

玛雅人都很了解皇家葬礼形式，在古典时期的玛雅社会尤为如此。皇家墓穴里堆满了珍宝和寓意丰富的图像，其中包括玉石和黄铁矿文物、瓷质贝壳、龟甲、黄貂刺和朱砂。但为什么国王

---

① 铭文神庙：完工于692年，是一座为了纪念巴加尔王而建的神庙。——译注
② 西巴尔巴：玛雅人对地下世界的称呼，这里是冥王居住的地方，阴森恐怖，危险重重。——译注
③ 世界树：北欧神话中的树。在北欧神话中，这个巨木的枝干构成了整个世界。——译注

会被如此厚葬呢？他们的权威来自哪里？他们是如何将神圣的血缘关系制度推至顶峰的？

权力分布

玛雅领土内的各玛雅城邦从未统一过。这一直是一个据地为王的大城邦为争夺权力、臣民或四周小城邦而冲突不断的故事。各城邦命运起伏不定，安然度过战争风暴的一个好方法是建立一个权力集中的巨型城邦。过去研究者认为蒂卡尔、卡拉克穆尔（Calakmul）和科潘（Copán）等大城邦主要是礼仪性场所——一年中大部分时间人烟稀少。这一分析完全偏离了事实。到后来的古典时期，至少有 20 个城邦的常住人口达 5 万人或更多。

至少在理论上，玛雅统治是父系统治，统治权由城邦首领传给他的儿子巴阿·乔克（Baaah Chok，青年领袖）。偶尔，当一个王朝只剩女性或兄弟掌权才能维持统治时，王族中的一位女性或兄弟才可能掌权，但这属于创新之举。

科潘城邦著名的"天梯"（Heavenly Stairway）就是典型代表。该楼梯由数十级台阶和2500块石头组成，台阶上的图像和玛雅象形文字绘制了从 426 年开始 15 个城邦国王的序列。在不远处，装饰华丽的"祭坛 Q"（Altar Q）上记载的统治者人数达到了 16 人。

然而，在许多地方，这只是一种理想化的统治延续，就像巴加尔墓上的雕刻一样，把统治者想象成生长在同一个果园里的可可、番石榴和鳄梨等植物。事实上，一个家族王朝消亡或突然终结常有发生。例如，蒂卡尔强大的统治者声称自己的祖先是神秘人物雅克斯·埃布·绍克（Yax Ehb Xook，公元 90 年的统治者）的直系祖先，但在 4 世纪中期，来自墨西哥城邦特奥蒂瓦坎的军队入侵使蒂卡尔城偏离了原先的运行轨道。379 年，西亚杰·卡克（Siyaj K'ak'）将军来到蒂卡尔城，通过军事征服或更温和的方法，任命亚什·农·阿因一世（Yax Nuun Ahiin I，特奥蒂瓦坎统治者的一个亲戚，甚至可能是他的儿子）为国王。于是，一个新的王朝诞生了，亚什·农立即被称为"ruler 15"（意指这座城市的第 15 位统治者）。新统治者上任改变了王朝被推翻后的混乱局面，带来了表面上的秩序。

在这样的环境下，君主的合法性源头形式多样。尽管出现了入侵者和王朝更迭，王朝血统仍然很重要。王朝直系继承人在 5 岁时就会经历放血仪式，强调他们的王朝血统。

神主和刽子手

然而，维护国王的权威有时需要更多东西，依

◀ 一个生产于 700 年至 800 年的花瓶展示了玛雅宫廷中的场景，统治者坐在美洲豹毛皮铺就的王座上，看起来相当奢华

▲ 家族纽带：科潘著名的象形文字楼梯，展示了这座城市长长的国王队伍

靠诸神是最佳选择，诸神是强大但多变的盟友。如果已经一败涂地，或许可以随时派遣诸神组成的军队去赢得一两个出人意料的胜利。

玛雅社会各城邦间互相抱有敌意，充满了来自资源稀缺、自然灾害和令人费解的超自然干预的威胁。如果国王与众神有直接联系，并是享有特权的中间人，其生存前景就会改善。如果他自己是"半神"——"圣主"这个词也被广泛使用——那就更好了。玛雅国王从一开始就急于宣传这一地位。在登基仪式上，他们会坐在美洲豹毛皮地毯上，额挂玉石，头戴玉米穗和绿羽头饰，以完整的登基造型示人。所有这些穿戴都具有神圣意义，但为了强调这一点，新统治者可能会在举行神灵公祭之前进行人祭——神灵公祭通常在私下举行。

该仪式贯穿于君主整个统治期间。国王们会参加放血仪式，血液用来供奉神灵。这些仪式有时很可怕：著名的亚斯奇兰的25个门楣石刻浮雕（Yaxchilán lintels）上有一处雕刻的场景显示，一位贵妇拉着一根两边有刺的绳子勒过国王的舌头。

神和国王之间的个人关系被比作父子关系。在许多地方，只有统治者才有权照看某些神圣的空间：将其打扫干净或确保有供品供应。帕伦克的一篇碑文写着，国王"满足了众神的心愿"。有时，国王会把自己锁在神庙里最神圣的地方，几天不吃不喝，但在饥饿之时仍不忘供养众神。

许多其他仪式强调了国王与神的联系。玛雅人将庄稼生长和自然水源视为神的祝福，一年或一轮作物结束时会大肆庆祝，众神和国王共同为世界带来新生命。战争取胜，国王会戴上神的面具跳舞；如果城邦间结盟，两个国王就会穿着模

▲ 巴加尔国王石棺上雕刻精美的石盖

仿神像着装的华服一起跳舞。即使是统治者的名字，也经常带有明显的神性联想。太阳神和创世之神在统治者的名字中经常出现，有时还会与某个特定城市的守护神联系在一起。这方面的荣誉可能归属于"卡瓦克天空王"（K'AK' Tiliw Chan Yopaat），他在724—785年统治了基里瓜（Quiriguá）。他名字的含义，我们可能听起来很奇怪——"燃烧的火焰，天上的闪电神"——但这个名字确实在8世纪令人敬畏。

这种王权模式从根本上说是君权神授，更多地依赖于激励人心的宗教敬拜，而非法律。只要事情进展顺利，这种王权模式就可能非常有效。如果没有发生干旱和饥荒，那么国王就证明了他与众神的关系很好。心满意足的民众就会愿意修建神庙、打仗、缴纳赋税。不幸的是，这一王权模式也可能会崩坏：如果雨水从未落下，庄稼枯

▲ 帕伦克国王巴加尔的陪葬物

玛雅王国名人录

玛雅历史上有很多总是弄巧成拙的庸君，也有死后几个世纪其事迹仍为玛雅人民所纪念的统治者。以下是后一类统治者

亚什·农·阿因一世
（Yax Nuun Ahiin I）
蒂卡尔城统治者　379—404

这名男子【也被称为卷鼻王（Curl Snout）】统治了蒂卡尔城，其墓葬反映出其尊位：他的坟墓里有一把木琴风格的乐器，由甲鱼壳和十具献祭者的骨头制成。

基尼克·雅克斯·库克·莫
（K'inichl Yax K'uk' Mo'）
科潘统治者　426—435/437

他是科潘城最伟大王朝的创始人，并拥有一个可爱的玛雅国王名字：伟大的太阳神—绿毛金刚鹦鹉。在这张图片（左）上，他将火炬传递给后来的统治者，这表明，从前任统治者处继受权力对统治者而言十分重要。

羽蛇神库库尔坎们
（Q'uq'umatz）
基切城统治者　1400—1425

他可能是基切统治者中最具开拓精神的一位，据说可以变身为蛇或鹰，或者去冥界旅行。当然，他领导基切古城度过了一段极具开创性的领土扩张时期。

尤科姆·科恩二世
（Yuknoom Ch'een II）
卡拉克穆尔城统治者　636—686

该死亡面具展示了卡拉克穆尔城所有统治者中最著名的一位君主，他充分利用蒂卡尔城的衰落控制了附属城市，并巧妙地利用困扰卡拉克穆尔城宿敌的家族纠纷来抗敌。

卡克底里·约帕特
（K'ak' Tiliw Chan Yopaat）
基里瓜古城统治者　724—785

虽然基里瓜古城政治影响力有限，但它是玛雅建筑皇冠上的明珠。约帕特从其领主科潘城统治者手中夺回了基里瓜古城的自治权。

瓦沙克拉胡恩·乌巴·卡维尔
（Uaxaclajuun Ub'aah K'awiil）
科潘城统治者　695—738

他被称为"18只兔子"，创造了科潘城的建筑辉煌，建造了也许是最好的玛雅球场。但他的统治以惨败收场：被基里瓜古城的统治者斩首。

加萨乌·陈·卡维尔
（Jasaw Chan K'awiil）
蒂卡尔城统治者　682—734

他帮助蒂卡尔城走出了古典时期中期所谓的玛雅间歇期，并使其重新成为最具文化性和开创性的城邦。

▲ 一幅描绘王室放血仪式画面的雕刻,该仪式发生在709年,被称为盾牌美洲豹的统治者是这场表演的主角

萎了怎么办?

　　另一个维护王权的有效手段是在军事上取得成功。王位继承人从小就被期望展示出强大的军事能力,虽然我们不知道国王亲自率领军队参战的频率,但他们总是渴望获得军事荣誉。玛雅统治者长长的名字中经常包含军事用语——"他囚禁了20名俘虏",或者说"他是第一个使用斧头的人"——没有什么比拥有一位杀死对手的统治者更令人高兴的了。738年,基里瓜的"卡瓦克天空王"抓获了敌对城邦的最高统治者(科潘的统治者),并按仪式将他斩首。

　　神授王权所具有的脆弱性也意味着玛雅统治者陷入了治理的官僚主义。他们确保供水不断,修建了沟渠和集水基础设施,如修建了卡拉克穆尔水库,其容量为两亿升。他们监督商品的公平分配,努力维持贸易关系,并努力确保海盐等稀有且距离遥远的商品稳定流动。仪式上摘除心脏或将其与每晚拯救太阳的超自然美洲豹相提并论只能在一定程度上维护王权,填饱臣民的肚子也同样重要。

玛雅崩溃前后

　　总的来说,尽管城邦之间的冲突时有发生,但玛雅古典时期的王权统治仍很成功。从6世

▲ 在科潘发现的祭坛 Q，这是另一种用石头记录祖先和血统重要性的方式

纪到 8 世纪，蒂卡尔城和卡拉克穆尔城之间进行了一场持久战，战争目的是争夺附属城邦，发动代理人战争（proxy war）①，挑拨兄弟城邦之间进行战争。战争形势严峻，以至于在 6 世纪 60 年代到 7 世纪 70 年代，蒂卡尔城受到了十分沉重的打击，发展几乎陷入停滞，在此期间再没有竖起一块石碑。但这之后，蒂卡尔城又恢复如常，这表明古典王权的模式坚固持久。但此发展中断可以被视为 9 世纪玛雅社会大崩溃的前兆，那次大崩溃重创了玛雅人。政治不稳定、人口数量和食品供应等问题一同席卷而来。王族也受到了质疑，这提醒我们，玛雅人对王权的认识并非一成不变。

比如在前古典时代，人们常认为城邦统治者更像是小规模部落的酋长。当时各统治者礼仪的复杂性或所具的神圣属性都不及古典时代，但事实证明，他们与之后出名的王权继任者们有很多共同之处。首先，古典时期之前 400—500 年的城市——特别是人口多达 10 万的埃尔米拉多城——可能已发展到令人印象深刻的规模。他们的统治者绝对是独立的国王，有时还被冠以"神

---

① 代理人战争：两个国家不直接参加的战争，指两个对立的力量利用外部冲突以某种方式打击另一方的利益或是领地。通常包含国家打击对立国家的盟友和帮助自己的盟友打击敌人。——译注

的头衔——这个词通常与 250 年后的玛雅统治者联系在一起。就像在古典时期之前很久就存在单一王朝连续治理一样，古典时期玛雅社会大崩溃之后，一些玛雅城邦以略微或彻底改变的治理方式存活了下来。要追踪这一发展历程非常困难，但一个关键问题被反复提及：将绝对权力交到一位统治者手中，仍然是最明智的选择吗？

这并不是一个崭新的难题。玛雅统治者们十分依赖于玛雅官员和顾问：他们不是简单地在宫殿里踱步思考后就直接发号施令。统治阶层的贵族群体非常强大，他们像统治者一样顽强地战斗，以将他们的职位世代传承。他们的职责很具体——外交、礼仪安排、经济事务等。史料中"Sajal"一词经常出现，可能是指一位地区长官。"AJ-k'eh-huun"的意思类似于"圣书中的他"，或"崇拜者"，指的是祭司或天文学家。另有一个词很容易被翻译成"烈火之王"，但从工作描述来看，这到底是什么意思？然而，我们可以肯定的是，随着古典时期临近结束，后古典世界开始出现，这些贵族行事越发果敢。

但在取代了蒂卡尔城或卡拉克穆尔城等城邦的新兴城邦中，统治组织架构是否也迅速转型？大概不会。学者们曾一致认为，位于尤卡坦半

▲ 乌斯马尔城统治者居住的宫殿。乌斯马尔城是一个在古典时期玛雅社会大崩溃期间和之后崛起的城邦

岛中部的奇琴伊察城采用了以议会为基础的共同统治模式。现在看来，古老的王权模式在新兴城邦中沿用了一段时间。在另一个新兴城邦乌斯马尔（Uxmal），几乎没有长命的王朝，但像暴风雨天空二世（Chan Chak K'ak'na Ajaw）这样的统治者完全有能力像古代的玛雅统治者一样行事。玛雅潘城（Mayapán）是一个历史悠久的玛雅政体，12世纪初就拥有了巨大权力，采用了邦联形式的组织架构，但大胆、渴望权力的人物往往占据统治主导地位。

在位于危地马拉高地、令人印象深刻的基切王国（K'iche' kingdom），社会动荡不安，拥有不同血统的玛雅群体间冲突不断。1400年，当统治者库库马茨（Gukumatz）在库马尔卡（Q'umarkaj）建立了一个新城邦时，急需应用古老的王权统治模式。这座城市的名字有一个不幸的含义（"腐烂甘蔗之地"），但玛雅文化和领地扩张的最终繁荣就是从这里发展起来的。15世纪，库马尔卡城经历了由主要宗族代表选择其统治者的阶段，但它实际上由独裁者掌舵。

事实上，玛雅文明延续千年，生命力旺盛，其他强大城邦肯定会如雨后春笋般涌现。但是，出乎所有人的意料，之后西班牙人入侵玛雅，他们认为玛雅人是一个落后的、迷信的民族。西班牙人没有意识到，当凯尔特伊比利亚人（Iberian）[①]刚刚站稳脚跟的时候，玛雅人已经建立了历史上最迷人、最复杂的艺术文明之一。但这就是16世纪欧洲入侵者的傲慢。

---

① 凯尔特伊比利亚人：居住在古罗马帝国时期的伊比利亚半岛，在现今中部西班牙北边一带的地区，使用一种凯尔特语族的语言。——译注

记录王权

如果一个国王没能竖起一块属于自己的石碑，那么这个国王就不能被称为玛雅之王

玛雅领土上随处可见竖立在寺庙附近的雕刻石柱。这些雕刻石柱大多在古典时期修建，其中发现的第一块石碑幸存至今，这块用长纪历记载的石碑于292年在蒂卡尔城竖立，最晚的一块在909年的托尼纳城（Toniná）找到。

石碑记载了大量有价值的信息，上面的雕刻以意象和象形文字记载了王室名称、王室事迹、家族历史、宗教象征和重要统治者的成就。其中一幅广为流行的雕刻图像是打了胜仗的玛雅国王英雄踏过战败敌人的躯体。可惜的是，许多石碑受多年风沙侵蚀，记载内容已经难以辨别，但其仍是考古研究的重要资料。

竖立石碑主要是为了宣示国王权威，也有可能是各种仪式的重要组成部分，石碑内容丰富，令人着迷。石碑的打造者有的是熟练的石工，有的显然是技能高超、极富创新的艺术家。卡拉克穆尔城的石碑数量特别多（最新统计为113块），基里瓜古城的一些石碑高度则异乎寻常，可高达10米。

古典时期

32 黄金时代
古典时期，玛雅力量的巅峰

39 帕伦克城
漫步在古城的废墟之上，那里有最好的玛雅代表性艺术品

48 卡拉克穆尔城
位于丛林深处，直到 20 世纪 30 年代才重现天日

55 蒂卡尔城
为什么玛雅人遗弃了这座大型城邦？

63 古典玛雅衰落
玛雅初达顶峰，转即崩溃，原因何在？

73 奇琴伊察古城
见证这一世界奇迹的兴衰起落

56

34

50

38

53

75

66

黄金时代

在长达近 7 个世纪的古典时期,玛雅人的建筑、文化空前繁荣,影响力巨大

多米尼克·伊姆斯

1世纪和2世纪,玛雅文明的发展停滞不前,其原因不明。玛雅人似乎停止了建设新的城镇或者放弃了卡米纳留宇城和埃尔米拉多城等已经繁荣起来的新兴城邦,结束了现在所说的前古典时

期。但这一发展停滞只是暂时的,玛雅人实际上哪里也没去。不久后玛雅人再次回归,变得比以前更加强大,走入一个黄金时代,到这时,他们的城邦扩张到巨大规模,他们的金字塔向更高处延展,他们的艺术、语言、文化和认知发展得更为复杂。

自古典时期(300—900年)开始,玛雅人后代对玛雅的认识发生变化,至少在那时,建造纪念碑纪念国王,并使用玛雅历法记录国王名字和日期的做法第一次变得普遍起来。新建起不少城邦且其规模不断扩张,每个城邦的人口从几千人增长至最多达5万人。乌夏克吞(Uaxactun,如今的危地马拉)、科潘城(如今的洪都拉斯)和帕伦克城(墨西哥)等地发展成为古典时期玛雅重要且强大的中心城邦。

广场位于城邦中心,其周围建立寺庙、宫殿、贵族住宅和球场。最引人注目的建筑无疑是金字塔,它是伟大的古代建筑工程,从雨林树冠的顶端伸出,成为玛雅城邦遗址内的标志性景观。玛雅金字塔通常高30米,但是有些金字塔高达

70多米，特别是位于埃尔米拉多的旦达金字塔。

为了建造这些金字塔，玛雅人砍下了大块石灰石，并用一种泥浆制成的灰浆将其堆放在一起。然后，他们用灰泥覆盖了这个表面粗糙的雄伟石丘，使其表面光滑，表面常刷有红色油漆，且用浮雕、雕塑装饰。金字塔的顶部会建有一座神庙或神殿，用于举行仪式和典礼，它们也被用作墓室，就像埃及的金字塔一样。如果玛雅人想要建造一座更大的金字塔，他们可以通过在顶部堆积更多的砖瓦来扩大金字塔规模，并刷上一层新的灰泥。

巨型城邦在古典时期蓬勃发展。每个国家都有自己的权力和影响力范围，随着各城邦不断发展，城邦之间的联系日益紧密，贸易网络也建立起来。不同地区的玛雅人有的相隔很远，但由于文化相似、语言一致，他们之间会交换黑铁矿、玉石、黄金、可可和羽毛等名贵物品，以及更多食物、工具、衣服和盐之类的日常用品。由于没有货币，资源价值因城邦而异。

但是，各城邦间的往来在促进贸易的同时，也引发了战争。国王们为争夺资源、权力和声望而战，还为另一个目的而战，那就是俘虏战士用作奴隶或祭品。冲突时有发生，但没有一个城邦能强大到形成一个单一、统一的玛雅帝国，就像美洲的其他伟大文明——阿兹特克文明和印加文明一样。相反，最强大的城邦将其他城邦作为附属国，置于其控制之下，这些附属国表示顺从以获得一定程度的自治权。在古典时期，两个轮番出场的"超级大国"是蒂卡尔城邦和卡拉克穆尔城邦。

前古典时期玛雅城邦衰落之后，位于现代危地马拉佩滕地区的蒂卡尔城迅速崛起成为政治、

▼卡拉克穆尔城崛起为最强大的玛雅城邦之一，并与蒂卡尔城开战

军事和经济强城。这座城邦被玛雅人称为雅克斯穆塔城（Yax Mutal），城内建有5座金字塔，其中最大的金字塔高60多米，中心区面积为15平方公里。人们认为该城邦构筑物数目多达3000个。

在今天墨西哥边境不远的地方，是蒂卡尔城的敌城卡拉克穆尔城。卡拉克穆尔城是自封的"蛇之王朝"，人口约为5万。在整个古典时期的后半段，这两个城邦发动了玛雅有史以来规模最大的战争。

然而，在古典时期早期，即使这两个城邦加在一起也无法与另一个城邦的影响力相提并论，后者是遥远墨西哥山谷中的一个巨型城邦，即特奥蒂瓦坎城。特奥蒂瓦坎城邦已扩展为美洲人口最多的定居点，能够容纳12.5万至20万人，权力范围横穿960多公里，在玛雅政治中发挥着重要作用。378年，蒂卡尔城国王在特奥蒂瓦坎城名为"Siyaj K'ak"（意为"火的诞生"）的首领进入蒂卡尔城的同一天去世，这意味着"Siyaj K'ak"接下来将强势接管蒂卡尔城。特奥蒂瓦坎城的影响力可以在其他有关玛雅遗址的记录和遗址中看到。

这些记录还显示了统治每个玛雅城邦的王朝期限。在古典时期，雕刻的纪念碑或石碑都被修改过，包括所绘国王的名字和他们统治的日期。国王处于政治和精神生活中心——既是众神的神圣后裔，也是有望带领人民参战的勇士。

国王之下是由牧师、官员、朝臣、军事领导人和其他王室成员组成的贵族，规模虽小但十分富有。贵族被认为是连接凡人和神的纽带，他们参加仪式典礼，甚至献上了自己的鲜血。最重要的是他们的穿戴要看起来合乎身份，而不仅仅是穿着华服和佩戴珠宝。贵族为了使他们的身体体现其身份，会修剪牙齿或在牙齿上镶嵌宝石，在皮肤上文身或刻上疤痕。

贵族的地位世袭，玛雅社会阶级僵化，下层人民几乎没有向上晋升的机会。古典时期玛雅贸易和艺术蓬勃发展，玛雅社会确实出现了工匠和商人这样的中产阶级，但大多数玛雅人是永远从事玉米、豆类和南瓜等主要农作物生产的农民。在古典时期出现的文本中没有丝毫有关玛雅农民的记载。

被称为象形文字的玛雅文字，在这一时期也演化得更加复杂。这些图像被雕刻在石头上，模塑在灰泥上，或者画在陶器上，也可以写在用树皮制成的纸上，制成书籍（这些方法都使有关国王名字和日期的信息留存了几个世纪）。如今只有一小部分法典留存了下来。

古典时期的另一项发展是历法。玛雅人是有天赋的数学家，也是能够计算和预测行星和天体活动的天文学家。他们结合了两种日历来记录日期：卓尔金历和哈布历。他们还可以使用起源于公元前3114年的长纪历计算出遥远过去或未来的日期。

因此，古典时期的玛雅人因为预测了天空的运动，可以说一只眼睛着眼于过去，一只眼睛着眼于未来。玛雅文明步入黄金时期同样建立在前一个时期所取得的成就之上。玛雅文明在接下来的几个世纪里继续繁荣发展，直到16世纪西班牙人入侵。

	后古典时期遗址
	古典时期遗址

奇琴伊察城
古典时期晚期至后古典时期早期

奇琴伊察城是世界七大奇迹之一，位于墨西哥尤卡坦半岛北部的大型玛雅城邦，城中心矗立着24米高的卡斯蒂略（El Castillo）金字塔。

卡拉克穆尔城
前古典时期至后古典时期

在6世纪和7世纪，卡拉克穆尔城与蒂卡尔城展开了激烈血腥的战争。这个位于墨西哥坎佩切丛林中规模庞大的卡拉克穆尔城遗址占地近70平方公里，包含近7000座建筑。

帕伦克城
前古典时期晚期至后古典时期早期

玛雅城邦的中心不是神庙，而是皇家宫殿，里面有一座独特的四层塔楼，这很不寻常。帕伦克城（玛雅人称之为拉卡姆哈，Lakamha）作为内陆贸易城邦而繁荣发展。

科巴城（Cobá）
前古典时期晚期至后古典时期后期

科巴城由两个泻湖建成，拥有尤卡坦地区最高的金字塔和凸起的石灰岩堤道，玛雅人称之为萨克比奥布（Sacbeob）。科巴城最终在与奇琴伊察城的长期权力斗争中落败。

玛雅潘城
前古典时期至后古典时期

尽管玛雅文明在10世纪开始衰落，但一些城邦继续繁荣发展。在西班牙人入侵之前，位于墨西哥尤卡坦的玛雅潘城已经成为玛雅人的政治和文化中心。

危地马拉城

洪都拉斯

蒂卡尔城
古典时期早期至古典时期晚期

作为玛雅超级大城之一，蒂卡尔城在附属国中建立霸权，繁荣发展。玛雅文字显示，这座位于危地马拉的玛雅城中有一条王朝线，持续了大约800年，前后出现了33位统治者。

科潘城
前古典时期早期至后古典时期

在古典时期晚期，位于洪都拉斯西部的科潘城达到权力顶峰，当时人口至少有两万人。科潘城已经成为玛雅文字研究资料的宝贵来源，在其神庙的台阶上发现了许多象形文字。

帕伦克城

这座古老的玛雅城邦中有玛雅人有史以来最精美的艺术和建筑，但曾一度被遗忘在丛林之中

丽贝卡·福特（Rebecca Ford）

玛雅人称这座古城为拉卡姆哈城，意为"伟大的水"，但如今该城以其西班牙名字帕伦克城闻名于世。1987年，联合国教科文组织宣布帕伦克城为世界遗产，该城每年迎来约60万游客。帕伦克城位于如今墨西哥恰帕斯州，卡门市以南约120公里，靠近乌苏马辛塔河（the Usumacinta River），曾是该地区政治中心巴阿卡尔王国（the B'aakal kingdom）的首都。它坐落在恰帕斯高地（Chiapas highlands）脚下，俯瞰墨西哥湾沿岸平原（the Gulf coast plain）。凭借这一位置优势，帕伦克城成为贸易中心，繁荣发展。在7世纪的鼎盛时期，帕伦克城的影响力一直延伸到整个河流流域乃至更远的地方。

帕伦克城人口稠密，布局合理，既有住宅和行政建筑，也有宏伟的神庙和宫殿建筑群。帕伦克城建在不同的水平高度上，一些神庙矗立在自然形成的山丘上，这些建筑由当地的石灰岩和木质门槛建成，外部会刷上蓝色、黄色和红色这样的亮色（蓝色、黄色和红色是东方的颜色，代表火焰和能量）。帕伦克城内建有很多复杂建筑，建筑结构精巧，装饰有精致雕刻，由灰泥建成且建筑内部装有管道。城内也有人类祭祀的场所。

有证据表明，公元前100年左右，这一地区居民就开始了耕作。然而，帕伦克城的建设似乎是在此后几百年才开始的。遗址上的铭文表明，帕伦克城第一位国王是库克巴阿姆（Ku'uk' Bah'am），在431—435年统治了四年。然而，他统治期间似乎没什么建树。599—611年，该城再次被邻邦卡拉克穆尔城袭击和洗劫。该城在连续衰落几年之后，玛雅历史上最为成功的统治者克尼奇·雅纳布·巴加尔二世——也被称为巴加尔大帝（615—683年执政）——对该城进

行了大规模重建。他12岁登基，很可能与他的母亲萨克·卡克（Sak K'uk'）一起执政了几年。在他统治期间，这座城市繁荣发展，大多数著名的宫殿和神庙都纷纷建成。

巴加尔大帝的继任者完成了其未完成的工作。他的儿子强·巴鲁姆二世（K'inich K'an B'alam II，684—702年执政）和坎·乔伊·奇

▲ 这座华丽的宫殿是帕伦克统治者的官邸，其中有一座四层的塔楼

塔姆二世（K'inich K'an Joy Chitam II, 702—721年执政）领导扩建并改造了城内建筑，将帕伦克城建为所有玛雅城邦中城建最好的城邦。这些建筑运用拱形屋顶增加高度，安装宽门以增强采光，设计T形窗户增添美感。建筑物带有宽敞的庭院，表面刷上了灰泥，上面有大量饰雕。

711年左右，帕伦克城再次被洗劫——这一次是被敌城托尼纳城洗劫——当时的国王被俘虏。

许多重要建筑的遗迹留存至今，即使是遗迹也令人印象深刻。宫殿是一大重要建筑，该建筑可能始于巴加尔大帝执政时代，往后沿袭了好几代人。宫殿建筑结构复杂，建在一个升高的平台上，是统治者的官邸，也是城邦的标志性建筑。殿内有内部庭院，装有拱形天花板并建有四层楼高的塔楼，是贵族和随从仆人的住所。该建筑通过一条渡槽供水，并配备了蒸汽浴室和厕所。这条渡槽是加压渡槽——这是大陆上已知的最早的加压渡槽。

　　宏伟的铭文神庙可能于 675 年左右开始动工。这座阶梯金字塔形式的神庙是巴加尔的陵墓，总共有九层，代表了玛雅地下世界的九层。巴加尔显然想确保他的陵墓能合乎其心意，在他在世时就开始施工建造该神庙，神庙名称源于墙上雕刻的象形文字铭文。铭文用玛雅文字写成，概述了帕伦克城 180 年的历史，其中记录了巴加尔一生中的重大事件。

　　不远处是被称为十字架神庙（the Temple of the Cross Complex）的神庙群，在巴加尔的直接继任者——他的儿子强·巴鲁姆的监督下建造完工。该神庙群由太阳神庙（the Templo del Sol）、十字架神庙（最大的神庙）和拉克鲁斯神庙（the Temple de la Cruz Foliada）

玛雅雕刻背后的意义

玛雅艺术的隐喻

　　十字架神庙中的一件雕刻颂扬了人间的王国，其中描绘了玉米，玉米对玛雅人的生存十分重要，因此玛雅人认为玉米是圣物。在一个创世故事中，玉米神创造了人类。玉米神在故事中以叶状（多叶）造型出现，但它也以尖头造型这一标志性造型出现，这与玉米棒的形状相呼应。帕伦克城的另一座神庙被称为美洲豹神庙（Temple of the Jaguar），里面有一个浅浮雕雕像以美洲豹的形象坐在王座上。美洲豹是非常强大的猫科动物，玛雅人认为其可以保护王室，促进生者和死者之间的交流。巴拉姆（b'alam）是美洲豹的玛雅名字，甚至成为帕伦克城统治者名字的组成部分。铭文神庙中出现了一个与众不同的雕刻。在该雕刻描绘的图景中，巴加尔的直接继承人（他的儿子强·巴鲁姆）被放在先祖怀中，被奉为王位继承人。他看起来半人半神：一条腿是蛇，另一条是正常的人腿，但脚上有六个脚趾，这可能是他的体征，因为第六个脚趾也出现在其之后的肖像画中。玛雅统治者为强调他们是正统的王朝继承人，将自己与神灵联系在一起。他们巧妙地操纵历史和神话，既实现了政治目的，也增强了他们的权力。

▲ 十字架神庙是 7 世纪统治者强·巴鲁姆建造的一组神庙之一

大约 711 年，帕伦克城再次被其敌对城邦托尼纳城洗劫，国王被俘虏。帕伦克城虽然幸存下来，但其与托尼纳城的敌对局势似乎仍在持续。8 世纪末，帕伦克城的辉煌时代结束，建筑工程停止，帕伦克城被遗弃。丛林笼罩了该城奢华的民用、礼仪性建筑，直到 16 世纪西班牙入侵者到达该地区后，这些建筑才重新被人发现。第一个发现帕伦克城的西方探险家是佩德罗·洛伦佐·德拉纳达神父（Father Pedro Lorenzo de la Nada），他将该城命名为 Palenque（相当于"防御工事"的意思）。1567 年，他为这座失落之城写下了第一本书并出版。然而，直到 18 世纪 80 年代，人们才开始对该遗址进行勘测。1787 年，在安东尼奥·德尔·里奥（Antonio del Río）上校的指挥下，一支探险队对此处废墟进行了探索，在此过程中，他所率领的探索队伍破坏了一些建筑。探险队成员安东尼奥·贝纳斯科尼（Antonio Bernasconi）既是测量师也是建筑师，他绘制了该遗址的第一张地图和一些雕塑的草图。多年来，其他探险家追随他们的脚步，绘制了更多相关图纸和地图，后来又拍摄了照片。1840 年，探险家约翰·劳埃德·斯蒂芬斯（John Lloyd Stephens）和他的同伴、建筑师兼绘图员弗雷德里克·凯瑟伍德（Frederick Catherwood）花了大约一个月的时间在帕伦克城仔细记录各种建筑遗迹，其中包括几座重要的神庙。他们被认为是玛雅考古学的先驱，制作了一本关于该遗址的插图书籍。

组成。这三座神庙供奉着三位玛雅神，具有丰富的象征意义。一些建筑中出现的十字架雕刻代表着木棉，玛雅人认为木棉可以撑起整个宇宙。强·巴鲁姆本人有时以孩子的形象在雕刻中出现，后来在他登基过程中又以成年人的身份在雕刻中出现。

其他神庙、坟墓和住宅散布在考古遗址内，延伸至丛林中。也许令人惊讶的是，甚至还存有一个举行中美洲球赛的球场遗迹。这种球赛不仅是一种娱乐游戏，也是一种仪式，甚至与人的献祭联系在一起。

然而，直到 1949 年，帕伦克城遗址的挖掘工作才真正开始。后来，墨西哥考古学家阿尔贝托·鲁兹·鲁里耶对此处进行了挖掘，他意外发现铭文神庙地板上的一块石板能被抬起。石板下面是一段满是瓦砾的楼梯，他们花了几年时间将其清理干净。最终，1952年，他沿着石板下的楼梯到达了神庙底部装饰精美的地窖，在这里他发现了巴加尔大帝的石棺。巨大的石棺石盖上的雕刻呈现了统治者从冥界的魔爪中脱身，倚靠在太阳神面具上的画面——大概暗示着他已经完成了生死转变，转世为神。

随着挖掘进一步深入，国王遗骸被发现，与其一起埋葬的还有一个精致的玉片面罩和一系列玉器珠宝。考古学家在墓室的门外发现了几副人骨——显然是献祭者的骨头，他们为陪伴统治者的最后一程而被杀死。后来的挖掘工作中，在墓穴内发现存在通向国王的一根"精神导管"（psychoduct），此管沿着楼梯从石板上的一个洞伸出。该导管仍然是一个谜，但可能与灵魂的离开有关。

但该遗址的发掘并未到此为止。1994年，一个在阿诺尔多·冈萨雷斯·克鲁斯（Arnoldo González Cruz）手下工作的墨西哥考古学家在铭文神庙附近的一座较小的金字塔内发现了另一座坟墓。该墓如今被称为赤色女王墓（Templo De La Reina Roja），里面有更多献祭者的骸骨，以及一个石棺，石棺里面装着一具女性遗骸和珠宝随葬品。显然，这位女性的社会地位很高，很可能是巴加尔的妻子。她的骨架和石棺中的其他物品上覆盖着一层由朱砂制成的鲜红朱灰（朱砂是含汞的矿石）。

帕伦克城遗迹的考古面积总计1780公顷，被记录下来的建筑已达1400座。目前为止，只有大约10%的建筑被探索过——其余建筑遗迹仍然隐藏在丛林植被下。

帕伦克城的三大发现

巴加尔之墓

如果考古学家阿尔贝托·鲁兹·鲁里耶没有从铭文神庙的地板上掀开一块石板，这座非凡的陵墓至今可能仍未被发现。该陵墓于 1952 年被发现，就在神庙之下深处。

赤色女王墓

这座墓穴可能埋葬着巴加尔妻子的遗骸，于 1994 年被发现。石棺内的物品上覆盖着朱砂（一种红色的粉末）。红色代表着权力和力量。

玛雅象形文字

铭文神庙墙上出现的玛雅文字对研究这一古老文化的学者来说是无价的。

帕伦克遗迹

铭文神庙

3 巴加尔之墓
巴加尔之墓位于铭文神庙地下深处，石棺盖上有精美雕刻。

赤色女王墓

卡拉克穆尔城

一位美国植物学家在墨西哥森林深处发现了疑似人造建筑，这意味着一处惊世遗址将重现天日

凯瑟琳·柯曾（Catherine Curzon）

1931年，赛勒斯·L.伦德尔（Cyrus L Lundell）乘坐飞机掠过坎佩切低地，他从窗口随意往外一瞥，惊讶地看到飞机之下是一大片城邦遗址。正是他将这座城邦命名为卡拉克穆尔城（两座相邻的金字塔之城），这是一座极具历史底蕴的城邦。

虽然人们认为卡拉克穆尔城可以追溯到玛雅前古典时期，但遗憾的是，斗转星移，其起源已被遗忘在时间长河之中。该城的建造者是谁？建造该城的原因何在？这些仍然是谜。从这座城邦的巨大规模来看，毫无疑问，建造该城的目的是展示成功、财富和权力。在其鼎盛时期，卡拉克穆尔城规模巨大，居民达5万，面积超过20平方公里，依靠一个复杂的水厂和建筑系统维持城邦运作。而在此处被收录的6750座建筑中，有一座金字塔是迄今为止发现的最高的玛雅金字塔之一。那么，建造该城的初衷无疑是使其成为玛雅文明中心。

综合其他遗址发现的参考文献上的相关内容，可了解卡拉克穆尔城鲜为人知的大部分早期历史，第一次是在529年，当时象形文字文本表明卡拉克穆尔城是坎王朝（the Kaan dynasty）或蛇王国（the Snake Kingdom）的中心。这个王国之所以得名蛇王国，是因为在其王国领土内城邦中所展示的象形文字上刻有蛇的符号。

在坎王朝的管理下，卡拉克穆尔城成为一个强大的行政中心，控制着其周围的土地和小城邦。如今，从城邦的更高处仍然可以看到许多附庸地，这让人清楚地感觉到，在该城邦中心可以俯瞰该城所控制的一切。

这座城邦布局的设计初衷是在拜访者进入时

唤起其敬畏之心。穿过农地，拜访者就会发现自己已身处居民区。他们越接近城邦的行政中心，建筑和精致的石灰石结构就越复杂。高地上有石头金字塔和规模巨大、雕满雕刻的石质楼梯，拜访者沿着石阶便可以进入城邦中心。城邦中心有一座近50米高的巨型金字塔，在塔上可俯瞰几英里①范围内的风景。

居民们享受着运河和水库网络所带来的便利，这些水库网络能为最偏远的地区供水，而石头铺就了街道和人行道，供人们在城邦中穿行。这里的生活条件优越，当地居民享受着当时玛雅最优越的生活，其生活先进程度会让现代游客吃惊。

卡拉克穆尔城并不是坎佩切地区唯一的玛雅超级城邦，几十年来，它一直与同样强大的邻邦蒂卡尔城争夺权力。562年，蒂卡尔城的统治者瓦克·陈·卡维尔（Wak Chan K'awiil）入侵卡拉克穆尔城，但最终以失败告

① 1英里约为1.6093公里。

◀ 这个保存非常完好的玛雅盘子是在卡拉克穆尔城遗迹中发现的众多盘子中的一个，由赤陶制成

▼ 几代玛雅人不断在现有建筑上添加新层来搭建巨大的建筑结构，直到建筑结构从简单结构发展成高耸的金字塔结构

终。卡拉克穆尔城的统治者天空见证者（Sky Witness），在宣布蒂卡尔城为蛇王国之前献祭了该城首领。

然而，统治者天空见证者不可能长生不老，在他死后，争夺王位之人蜂拥而至。随着争夺王位的人被一一击败并驱逐出境，这座城邦及其权力继续快速扩张，这些落败者的财富被吸收进了卡拉克穆尔城。叛乱城邦也都是有所图谋，目标是卡拉克穆尔城所控制的贸易路线，因为该城除了是行政中心之外，还是一个商业中心。

卡拉克穆尔城统治者不仅击败并掠夺敌城，也明白强大联盟的力量，这一点十分有趣。事实上，该城与许多其他城邦之间形成牢固的联盟关系是通过实施外交手段而非进行战争，外交手段是控制该地区联盟网络的主要手段。但毋庸置疑的是，卡拉克穆尔城的统治者在征服他城方面也没有放松，被献祭的纳兰霍国王（king of Naranjo）很快就证明了这一点。

人们认为这座城邦的规模如此之大要归功于636年登基的尤克努姆·切恩二世（Yuknoom Che'en Ⅱ），他也被称为尤克努姆大帝（Yuknoom the Great）。就在十多年后，蒂卡尔城试图再次入侵，但再次被击败。但这一次，尤克努姆·切恩二世没有献祭蒂卡尔城首领巴拉吉·陈·卡维尔（B'alaj Chan K'awiil），而是允许他继续作为卡拉克穆尔城的傀儡继续统治他的城邦。这是国王比较精明的举动之一，因为这确保了他那咄咄逼人的隔壁邻居在向前发展之时与其齐心协力。他还掌管着王朝婚姻和联盟，在位50年后，尤克努姆·切恩二世去世之时，卡拉克穆尔城已是强大城邦。

然而，所有事情都一样，即使是最强大的城邦也可能沦陷，卡拉克穆尔城最后的历史进程也

▲ 今天仍然可以看到许多玛雅房屋的遗迹

随着权力衰落，象形文字记录减少，对卡拉克穆尔城被征服后所发生事件的描述也变得少了。

▲ 卡拉克穆尔城保留了 117 块石碑，但石碑由相对柔软且易腐蚀的石灰岩制成，许多石碑经几个世纪的侵蚀，已经难以辨认

力中心，而是由蒂卡尔城对其实施傀儡统治，这与多年前的情形恰好相反。

随着权力衰落，象形文字记录减少，对卡拉克穆尔城被征服后所发生事件的描述也变得少了。尽管它仍然是一个军事强城，但其盟友数量减少，影响力也大幅下降——这个曾经所向披靡的城邦在邻邦眼中已经衰落。

随着实力急剧减弱，原本广阔的城邦规模不断缩小。现代考古学家在偏远的城邦聚居区没有发现晚期玛雅文物，只在遗址的中心地区（曾经的城邦中心）发现了文物。这清楚地表明，卡拉克穆尔城的外围地区不再有人居住，居民集中住在一个小得多的城中地区。遗址处发掘出了当时的贵金属和玉器，这表明至少还有一些富有居民留了下来，但由于缺少相关记录，这些人的身份依然是一个谜。

1931 年，伦德尔发现了藏在热带森林的树冠中的卡拉克穆尔城，之后告知了华盛顿卡耐基研究所（the Carnegie Institution of Washington）的西尔瓦努斯·莫利（Sylvanus Morley）。经验丰富的编目员莫利来到坎佩切，开始为这个地点绘制地图。他发现了多块完整或损坏的石碑（作为纪念碑竖立的木板或石板），并将其与在该地区发现的其他石碑拼凑在一起，这些石碑讲述了卡拉克穆尔城各阶段的发展故事。研究所于 1938 年离开后，遗址一直无人问津。直到 1982 年，坎佩切自动化大学（the Universidad Autónoma de Campeche）的威廉·J. 福兰（William J Folan）来到此地。他在卡拉克穆尔城待了 12 年，发现了数千座建筑和文物，其中包括一些葬礼面具。

如今，卡拉克穆尔城位于一个生物圈保护区的中心地区，该保护区内是面积为 7000 平方公

消失了。专家们一致认为其间发生了一些事情，但到底发生了什么尚未可知。但是，有绘画显示，693 年来自卡拉克穆尔城的使节跪在蒂卡尔城的宝座前，仅仅两年后，这两个城邦又一次开战。两城国王在一次大规模战争中交锋，对卡拉克穆尔城来说，结果是灾难性的。曾经无所不能的霸主被击败了，随着时间推移，卡拉克穆尔城的影响力开始骤降。到 724 年，它不再是行政和权

里的丛林、社区用地和农业用地。作为联合国教科文组织认定的世界遗产，此处的石灰岩遗迹被原地保存下来，这要得益于取得突破性进展的纳米技术，这一技术可能会对全世界范围内具有类似价值和脆弱性的遗址带来益处。

▲ 这片空地曾经是一个球场，位于卫城的北部广场

▲ 古代卡拉克穆尔城壁画记录了玛雅平民的日常生活，别具一格

讲述卡拉克穆尔城的故事

卡拉克穆尔城的历史可通过当时的艺术作品呈现，但很遗憾，其中大部分作品没有在这个偏远的地方保存下来。

为了了解该城的统治者和上层阶级，考古学家和历史学家转向研究卡拉克穆尔城的石碑，至今那里仍有117座石碑。在这些石柱形的玛雅纪念碑之上雕刻着讲述这座城邦历史及成就的场景。卡拉克穆尔城是现存最大的玛雅遗址之一，其石碑收藏数目是坎佩切地区最多的，这些石碑证明了该城是少数几个玛雅城邦中除了男性之外还有女性统治者的城邦之一。

在卡拉克穆尔城发现的许多石碑都是成对的，描绘的是国王或统治者及其配偶，但不幸的是，多年后这些石灰石雕刻上曾经可见的大部分细节都被风沙侵蚀。虽然卡拉克穆尔城的石碑描述了这座城邦最值得庆祝的事项，但为了讲述该城的完整故事，考古学家需要查看其他城邦遗迹，特别是卡拉克穆尔城的长期对手蒂卡尔城。在蒂卡尔城遗迹中，他们发现了其他描绘蒂卡尔城战胜卡拉克穆尔城的雕刻，因此，考古学家得以将这两个玛雅超级城邦之间频繁冲突的碎片化叙事拼凑起来。

对于那些地位较低的市民来说，被雕刻在石碑上简直是痴人说梦。然而，卡拉克穆尔城确实包含了一些展示了当地居民日常生活的壁画。这些壁画没有记录城邦君主们的崇高成就，而是展示市场和居民来来去去的街头场景。它们是独特且有价值的艺术品，揭示了玛雅文明未被记录和被遗忘的一面。毕竟，对于每一个坐在王位上的征服者来说，市场上的男男女女成千上万，并无特别。

蒂卡尔城

蒂卡尔城是世界上最重要的玛雅遗址之一，
位于一个以其生物多样性而闻名的丛林中心

在危地马拉热带雨林深处，隐藏着一座宏伟的玛雅城邦的废墟，该城邦在哥伦布发现美洲之前就已存在，曾是容纳9万居民的商业、文化和典礼中心，但在900年突然被遗弃。蒂卡尔城位于危地马拉城以北约300公里的佩滕省，玛雅人称之为雅克斯穆塔。

几个世纪以来，蒂卡尔城从一个小村庄发展成一个繁华的城邦中心，展示了玛雅社会的技术、艺术和智慧。许多研究者认为，早在公元前600年，该地就有人定居，因为此地出土了能证明当时有人在此地进行农业活动的文物。蒂卡尔城曾发展成重要的城邦中心，统治阶级血统强大；在公元前350年该城居民就开始建造金字塔和各类建筑。

蒂卡尔城也有一些地理劣势，缺乏自然水供应，所以该城专门建造了水库来收集雨水。这一巨型城邦中建筑物丰富多样，城中建有金字塔神庙、宫殿、仪式平台、行政建筑、纪念碑、住宅，还有一些娱乐球场，当地人可在球场举行中美洲球赛，球员需要用臀部等身体部位击打硬制橡胶球，球赛有时也很暴力血腥。该城大部分地方都是沼泽，坡道和铺设的堤道连接起了重要的城邦中心。建筑物由当地的石灰岩建造，表面常被刷上灰泥，用浅浮雕（bas-relief carvings）①装饰。玛雅神庙门槛通常用当地的人心果树（sapodilla tree）的木材来制作，并用精心制作的雕刻进行装饰，其中一幅雕刻描绘了一位地位较高的女子，她身着手工编织而成的连衣裙、佩戴着羽毛头饰和玉石首饰。

---

① 浅浮雕：与高浮雕相对应的一种浮雕技法，所雕刻的图案和花纹浅浅地凸出底面。——译注

蒂卡尔城地处偏远，直到1956年人们才对其进行大规模探索，并对遗址进行了测绘和深入挖掘。

蒂卡尔城城内建筑高耸，金字塔寺庙高达70米

蒂卡尔城历史发展极其复杂。该城成为贸易中心，渐渐繁荣发展，城内居民积极开发城邦四周的自然资源，开辟耕地以种植玉米等作物。在几个世纪间，蒂卡尔城命运起伏不定，于 600—900 年达到了艺术和文化顶峰。该城也经常卷入与邻邦的冲突，没能长久地和平发展。

378 年，位于约 1000 公里外墨西哥山谷、实力强劲的特奥蒂瓦坎城控制了蒂卡尔城。虽然有些人认为这两座城邦只有密切的外交和贸易联系，但石柱上的雕刻表明，蒂卡尔城遭到了入侵，国王被处决，特奥蒂瓦坎城的统治者登位。此后，这座城邦的艺术、建筑甚至服装都受到了特奥蒂瓦坎城的影响。

然而，蒂卡尔城并没有被这场战争摧毁。事实上，该城之后征服了规模较小的邻邦，势力范围进一步扩大，特奥蒂瓦坎城还成为其重要的贸易伙伴。然而，6 世纪中叶，此城又发生了另一场战争；蒂卡尔城被它的两个强大对手卡拉克穆尔城和卡拉科尔城组成的联盟击败，失去了它所在地区的主导地位，之后似乎难挽颓势。但 682 年，一位新的统治者——哈萨乌·陈·卡维尔二世（Jasaw Chan K'awiil II，682—734 年执政）登基，戏剧性地复兴了这座城邦。他是蒂卡尔城最重要的统治者之一，击败了卡拉克穆尔城，并启动了大规模重建计划，在这座城邦留下了自己的印记。他去世时，被埋葬在一座宏伟的金字塔神庙中，神庙保存至今，令人印象深刻。

该神庙如今被称为一号神庙（Temple I），最初其顶部有一个装饰性的"人字形屋顶"，这是玛雅纪念碑上的一个常见特征。该神庙内还有国王雕塑。哈萨乌·陈·卡维尔二世的陵墓于 1962 年被发现，墓内有玉器和贝壳装饰品、用来供奉食物和饮料的锅和大量骸骨，骸

骨上刻有非常精致详尽的图像。其中一幅图像场景是一个俘虏双手被捆、双膝跪地；另一幅图像场景则是玉米神在独木舟上划桨，还有一只超自然的鹦鹉、一只狗、一只蜘蛛猴和一只鬣蜥与之相伴。

蒂卡尔城在巅峰时期，一定呈现出了令人敬畏的繁荣大邦气象。几代统治者建造、重建、

扩建、改建该城,最终建成了一座庞大城邦(至今据记载大约有 3000 座建筑),城中心很是宏伟。城中随处可见面向太阳而建的高耸金字塔,如今丛林中可见的石制高层建筑可高达 70 米。城中心是一个大广场,城边是两座巨型神庙金字塔和两个建筑群,即北卫城(the North Acropolis)和中央卫城(the Central Acropolis)。北卫城是皇家墓地,建造历史可以追溯到公元前 350 年。几个世纪以来,随着金字塔以及无数的祭坛和石碑纷纷建成,蒂卡尔城规模不断扩大。此地墓地发掘过程中发现墓穴里堆满了墓葬物品,其中包括陶制器皿、玉器、贝壳、珠子,还有一件用龟壳制成的乐器。考古学家还发现了人类献祭者的遗骸。

其他建筑群包括遗失世界建筑群（the Lost World Complex），其中心是遗失世界金字塔（the Lost World Pyramid），金字塔高达 31 米，为阶梯式结构，是蒂卡尔城最古老的建筑。其东面是一个平台，上面有三座小神庙，一起组成了一个古老的天文台；主金字塔上的楼梯提供了一个观测点，而三座神庙所处位置与秋分和冬至及夏至时的日出位置对齐。玛雅贵族也下葬于建筑群中。此处还有一个七庙广场（the Plaza of the Seven Temples）①，这也是一个建筑群，除了包含与之同名的神庙外，还包含一座大型行政大楼和一个不同寻常的三人球场（triple ball court）。

8 世纪，玛雅城邦逐渐衰落，蒂卡尔城也不例外；城内建筑工程进程放缓，人口从城郊迁入城中，农业进一步发展，导致土地和资源被过度开发。900 年左右，蒂卡尔城被玛雅人抛弃，重新隐入丛林。直到 17 世纪，有关蒂卡尔城曾存在过的记载才开始在出版物中出现，西方世界才意识到这座失落之城的存在。1848 年，两名

---
① 七庙广场：位于中央卫城西南边，因广场东边有七座排成直列、外型类似的小神庙而得名。——译注

▼ 玛雅人在神庙门口上方使用木质门槛，常用精细的雕刻装饰

地方官员在一名艺术家的陪同下参观了该遗址,并对他们的发现进行了图文并茂的描述。其他探险家和考古学家紧随其后,纷纷探访此地。然而,蒂卡尔城遗址地处偏远,直到1956年研究者才对其进行大规模探索,并对遗址进行了测绘和深入挖掘。

如今,这座曾强大一时的城邦废墟被物种繁多的森林所包围,一同成为蒂卡尔城国家公园(the Tikal National Park)的一部分。蒂卡尔城国家公园是联合国教科文组织认定的世界遗产,占地57600公顷,拥有湿地、热带阔叶林、棕榈林等自然景观,生长着兰花,是蝙蝠、猴子、食蚁兽和数百种不同鸟类以及五种猫科动物(美洲虎、虎猫、豹猫、美洲狮以及美洲豹)的栖息地。这座古老的玛雅城邦可能在人们视线内消失了几个世纪,但如今的城邦遗址仍一如既往地魅力无限。

蒂卡尔城被遗弃在丛林之中

蒂卡尔城被遗弃在某种程度上成为了考古学上的谜团。与中美洲南部低地的其他玛雅城邦一样,蒂卡尔城在8世纪和9世纪迅速衰落。城内居民最终全部离开,曾经繁荣一时的城邦中心最终被丛林覆盖,原因不明。解释这一现象的说法不一,包括军事入侵、贸易损失、疾病流行、气候变化和生态灾难。人们认为蒂卡尔城无故衰落可能是多种因素共同作用的结果。

人口过剩似乎是一大原因。城邦的城郊居民为了躲避蒂卡尔城与邻邦间的冲突而涌入城中,由此带来的人口集中会促使玛雅人采用强度更大的农业模式,从而加速森林砍伐、土壤枯竭和土壤侵蚀,最后造成的农业崩溃迫使居民离开了这里。

然而,越来越多的证据表明,极端干旱的气候变化是蒂卡尔城毁灭的根本原因。因为该城缺少流水供应,仅靠收集雨水来满足其水资源需求,所以即便是轻微的干旱也会带来重大影响,严重的水资源短缺的破坏性之大可见一斑。对于这一课题的研究仍然任重道远,学术争论在未来仍将持续。

古典玛雅衰落

古典时期玛雅文明达到顶峰，
此时整个尤卡坦半岛南部低地的玛雅城邦
却开始在自身所面临的压力下崩溃

哈雷斯·布斯塔尼（Hareth Al Bustani）

虽然玛雅文明早在公元前 2000 年就开始出现，但在 300 年开始的古典时期，玛雅文明才真正形成了自己的特色。玛雅贸易网络在中美洲各地如雨后春笋般涌现，各大城邦中心一同织就了贸易之网；城内，国王建有宏伟的神庙、精美的石碑、一望无际的广场和华丽的宫殿，无一不展示其威严。

到 750 年，玛雅人的文化、基础设施和社会政治到达巅峰，蒂卡尔等城邦居民均超 6 万人。这些特大城邦维持着自己所在区域内的势力范围，较小城邦和村落散布在其外围，形成了一个由巨大城邦、较小城邦和村庄组成的复杂城邦网络，这一网络主要集中在尤卡坦半岛南部的低地。

▲ 在旱季，蒂卡尔等城邦四周的土地由城邦中心水库滋养

在蒂卡尔、卡拉克穆尔和卡拉科尔等玛雅中心城邦，权力均掌握在神明所选的国王手中（事实证明权力如野兽），国王身边还有由贵族和精英组成的官僚机构。在过去的几个世纪里，蒂卡尔城和卡拉克穆尔城曾为夺取梦寐以求的贸易路线而开战。

这些城邦的臣民很多分散在杂乱无章的农田腹地。这些肥沃的土地随意分布，掌握在农民自己手中。然而，统治者垄断了所有农民所需之物——水。这些区域缺乏天然水源，年降雨量低至170厘米，依靠人工水库供水。

蒂卡尔城国王掌管着6座人工水库，而卡拉科尔城则有两座，用来灌溉周围130平方公里内的梯田。与此同时，卡拉克穆尔城坐落在低洼的沼泽地中，拥有13座水库。这些水库处于宏伟中央广场上的战略性和象征性位置上，广场上还有神庙和其他纪念碑。

这些水库对玛雅农民意义重大，因为玛雅农

民分布过于分散,所以无法集中修建和维护大规模水资源管理系统。于是每年1月至5月的旱季,农民被迫从郊区去往市中心居住。城邦统治者以这种方式牢牢控制了玛雅农民,而农民通过劳动、参加城邦典礼和仪式在某种程度上融入了地方等级制度。

虽然城邦周围的农田过于分散,无法控制,但统治者垄断了供水,于是能以劳动力、货物和食物的形式收集贡品,这进一步将流动性高的农民融入了统治者所控制的核心社会结构。

玛雅统治者和平民之间的这种相处模式为他们之间形成的社会契约奠定了基础,大广场上所举行的复杂宗教仪式以及在宫殿内庭和王室享受的豪华盛宴强化了这种等级契约并使其合法化。

精致的神庙、刻有象形文字的阶梯、球场和石碑都进一步强调了契约的合法性。作为半神,统治者还会举行祭祀祖先、雨神恰克(Chac)等神和各种超自然力量的宗教仪式来祈求降雨。统治者若无法祈来降雨,其权力将受到威胁,甚至将走下神台。简而言之,水是玛雅人的权力货币。

由于缺少雨水,一个地区内的玛雅农民生产的粮食只能满足当地的需求,没有多余的粮食可供出口。人口持续膨胀给当地资源带来的压力日益增长,迫使农民砍伐、烧毁更多的森林用作农田。几千年来,玛雅人学会了根据自己的需要开垦土地,挖小池塘,建造水库并改造季节性湿地,以收集更多的水资源。虽然梯田耕作有助于减少一些降水和土壤养分流失,但南部低地的耕地已经达到了耕作极限。

玛雅农业的发展使资源早已濒临枯竭的土地被过度开发。砍伐森林不仅减少了当地的降

▲ 帕伦克城邦的声望遭到较小城邦托尼纳的毁灭性打击,托尼纳俘虏了它的国王

▲ 虽然玛雅人以前经历过干旱，但在古典巅峰时期，尤卡坦半岛南部城邦权力达到了临界点，权力断层开始出现

雨量，而且在暴雨期间使土壤流失更加严重，这进一步破坏了土地，还减少了当地鱼类、软体动物和其他动物的数量，截断了木材和燃料来源。很快，土壤中的养分就不足以支撑满足当地粮食需求的农作物种植。

玛雅人之前曾在几次干旱中幸存下来，但530—650 年的持续干旱对城邦发展造成了严重打击。在达到古典时期城邦巅峰之前，城邦纪念碑的建设停滞不前。然而，这次的巅峰与全球气候变化不期而遇，当时全球气候变化使世界变得更加凉爽和干燥。

750 年发生了一场大干旱，揭开了长达250 年干旱期的序幕，这使本已过度扩张的尤卡坦南部低地陷入绝境。虽然北方强大城邦和那些位于河流沿岸的城邦能够应付这一干旱期，但在南方，供水系统开始崩溃，统治者发现自己无法继续履行和玛雅平民之间的社会契约。随着饥荒蔓延，绝望的农民开始种植玉米等高产农作物。玉米是一种抗旱作物，但随着土壤进一步被侵蚀和肥力退化，这些努力最终付诸东流。

同时，最后的耕作也从打造国王不朽声望的项目中抽走了劳动力，进一步削弱了他们的统治权威。

最终，城邦农民难以谋生，纷纷逃离，切断了他们与城邦的联系。随着饥荒加剧，人们的免疫力下降，尽管没有证据证明饥荒使大量居民丧生，但婴儿和成人的死亡率可能均有所上升。猴子或在储水容器中繁殖的蚊子可能传播了黄热病，这进一步大幅削减了城邦人口。蒂卡尔城在 810 年、860 年和 910 年都遭受了干旱袭击。

恰帕斯山脉（the Chiapas mountains）山脚下的一条河流旁，一个肥沃的山谷中隐约可见强大城邦帕伦克城。运河水灌溉了内陆地区，那里的玛雅农民维持着小规模的灌溉网络，当地统治者的权力源于其对玉石和与高地地区黑麻岩贸易的控制。然而，对土地和资源的过度开发将当地人推至生存边缘。

除了环境问题，帕伦克城还连续两次被托尼纳城击败，托尼纳是帕伦克以南 65 公里处一个较小的二级城邦中心。托尼纳城国王甚至抓住了帕伦克国王，动摇了后者王室根基。在混乱中，帕伦克城陷入内斗，觊觎王位者竞相夺权。乱世出英雄，不久，邦内平民揭竿而起对抗贵族，贵族对抗国王，而各城邦之间相互争斗。

因此，由零散城邦拼凑而成的玛雅文明开始解体。各个城邦从未真正集合成一个统一的帝国或国家。这不仅促成了各城邦间的掠夺性战争，而且随着整个地区局势紧张，各个城邦无法集中

不久，仆人就会起来反抗贵族。

"玛雅崩溃"

尽管尤卡坦半岛南部低地的城邦被遗弃，但玛雅人民和玛雅文明依然生生不息

虽然人们用"崩溃"来描述古典时期玛雅城邦的衰落，但这个词本身似乎存在问题。首先，如今的现代玛雅人可能会觉得该词冒犯意味很强，有自认为进步、文明、优越、发达的帝国主义先入为主的感觉。虽然尤卡坦半岛南部的人口确实减少了，搬到了其他地方，但玛雅文化一直延续至今。16 世纪，西班牙的入侵对玛雅文明的破坏比尤卡坦半岛南部玛雅城邦的衰落的影响更加严重。实际上，许多玛雅人在西班牙入侵之时逃回了该地区的森林之中。

同样，并不是所有玛雅定居点都受到了毁灭性打击——许多定居点不仅幸存了下来，而且在灾后蓬勃发展。真正崩溃的是统治该地区最大城邦的社会政治体系。统治者和贵族阶层越来越难以维持原先的社会等级制度，于是神圣王权的概念也随之瓦解。王室权力崩塌，其所掌管的社会等级制度和经济体系也随之动摇。

另一点是，尽管古典时期玛雅城邦处于巅峰时期的伟大纪念碑、象形文字、碑文和其他文化、建筑作品也停止生产，但玛雅人的传统、信仰、仪式和宗教并未消失。权力只能在小范围内维持，大型玛雅城邦统治阶级崩溃后，分散各处的玛雅人聚集到一起开始自治。

▲ 尽管像蒂卡尔这样的城邦可以储存足够 6.2 万人用的水，但战争、剥削、社会冲突和接二连三的干旱将该城推至崩溃边缘

资源来克服内部纷争。各城越来越容易受到过度耕作、过度狩猎、疾病、生态退化和宗教暴力的不良影响。随着各城邦国王将权力下放给心怀不满的贵族，他们岌岌可危的权力基础被进一步侵蚀，这带来了混乱和不稳定。

卡拉克穆尔城勉强维持统治，正处于脆弱时刻，另一个虎视眈眈的玛雅部落——也许是来自塔巴斯科墨西哥湾沿岸的普图部落（the Putun）——袭击了该城。卡拉克穆尔城的权力裂缝一下扩大变为权力断层，撼动了尤卡坦半岛南部的权力中心。石碑遭到破坏，碑上贵族的脸被刮掉，而农民的脸完好无损——还有一些画面是贵族站在农民身上——这表明根深蒂固的阶级冲突十分激烈。石碑上战争的画面越发常见，表现出在一个巨大动荡时期内越发暴乱的社会环境。

农民暴乱也可能是被一个古老的祭司教团所煽动的，这一祭司教团一直独立于宗教等级之中。当时，城内贵族人口只占城邦人口的 5%，却长期剥削着城邦农民。随着贵族人数增多，所拥有的财富增加，他们越发贪得无厌，玛雅农民则越发怨声载道。考古证据表明，玛雅农民的骨骼比贵族的骨骼更小，也更不发达，这表明为供应贵族的丰盛吃食，农民食物短缺，营养不良。

▲ 农民正忙于生产数量充足的农产品，玛雅贵族缺少劳动力来为其建造石碑和其他史诗般工程

贵族阶级不仅垄断了水资源和军事力量，还独享学习数学、文化、天文学、工程学甚至宗教方面的知识的权利。然而，若没有农民、商人、工匠和宗教人士的辛勤付出，贵族享有的一切都只是空中楼阁。

更糟糕的是，尤卡坦半岛南部的经济网络因从内陆贸易转向海运贸易而受到进一步打击。该地区的城邦及其附属城邦（subsidiary satellites）所生产的粮食很少有剩，其贸易依赖于长途运输而来的商品。其中青玉、羽毛和黄铁矿从高地涌入，而海螺、贝壳和黄貂刺则从海岸运来。许多城邦联盟早已形成，为控制这些至关重要的贸易生命线而一决胜负，这些商品在表现贵族阶层地位和权力的仪式中发挥着至关重要的作用。

从加勒比和中美洲到墨西哥湾和墨西哥中部，尤卡坦半岛南部相当于一条高速公路，方便了货物的流动。丧失这一贸易地再次给该国王管理森林、开垦土地、建造纪念碑、发动袭击或自卫带来越来越大的压力。大批农民和工匠集体离开，去他处寻找新机会和新雇主。

在科潘城和帕伦克城，贵族阶层发现，将其权力合法化的成本越来越高，他们再也无法承受塑造其声望的史诗级项目。随着政治制度濒临崩

权力的流通

玛雅人的大部分生活都围绕着水资源展开，水资源不仅决定了人们的生活地点，也决定了人们的生活方式

尤卡坦半岛南部低地的湖泊和河流很少，季节与玛雅人的生命关系密切。玛雅人定居地区的标志是季节性沼泽（Bajos），以及岩溶天坑被黏土沉积物堵塞时形成的蓄水池（aguadas）。玛雅人使用土方或黏土堤坝来扩大沼泽和池塘面积，以促进农业、石膏制造与城邦建设的发展。

城邦本身被设计为蓄水中心，集中在其中央水库周围。和许多强大城邦一样，蒂卡尔城建在一座小山上，城中心是一个巨大水库（由一个两侧拥有黏土或灰泥的古老石灰岩采石场构成），用来雨季收集和储存水资源，然后通过重力将水输送到居民区和田野中。

在蒂卡尔，一个水库网络的蓄水量高达 90 万立方米，足以满足 6.2 万人的日常需求。至关重要的是，玛雅人通过创造人工湿地生物圈保持了水资源清洁。池草、植物和细菌可以去除磷、硝酸盐和有害微生物。例如，睡莲不仅可以阻挡光线，还可以防止藻类聚集和减缓水分蒸发。睡莲只能在净水中茂盛生长，成为王室力量的典型象征，被用来装饰石碑和其他纪念碑。

▲ 因在气候变化期间过度开发土地，玛雅国王很快发现自己无法履行其社会契约

随着政治制度濒临崩溃，城邦也崩溃了。

溃，聚集在乌苏马辛塔河周围的西部城邦最终开始崩溃。资源丰富的多斯皮拉斯（Dos Pilas）地区充满了相互竞争的城邦统治者和城邦中心，当第四统治者（Ruler Four）在 761 年被邻近的塔马林迪托城国王（King of Tamarindito）击败时，这里被完全放弃了。小规模强盗群体在城邦各地形成，发动暴力袭击，对过度扩张的城邦造成严重破坏。混乱持续发展，摧毁了该地区国王的政治支柱，玛雅人在此处再也无法谋生，纷纷逃离。

在惨遭蹂躏的帕伦克城，799 年起铭文记载完全停滞，这表明该城邦中心被抛弃。没过多久，

各城邦就像多米诺骨牌一样纷纷倒下，崩溃势头不断向东部玛雅城邦扩散。帕伦克城被抛弃后，科潘城于822年被抛弃，卡拉科尔城于859年被烧毁，蒂卡尔城于869年被抛弃。给帕伦克城带来诸多麻烦的较小城邦托尼纳城于909年被抛弃。到此为止，玛雅城邦的建设陷入停滞，墨西哥金塔纳罗奥（Quintana Roo, Mexico）南部最后一座刻有玛雅长纪历日期的纪念碑就是明证。最终，人口过剩、干旱、土地过度开发、阶级冲突、战争、疾病和贸易损失一同导致整个尤卡坦半岛南部社会政治体系的大规模崩溃。

尽管这一过程历经几个世纪才结束，但这场大规模的人口外流意味着大多数人逃往外地。后古典时期早期的特点是玛雅城邦权力被重新分配，许多规模较小的城邦和依河而建的城邦中心设法在混乱中生存了下来。尽管许多规模较小的城邦领导者的命运与他们强大盟友和贸易伙伴的命运捆绑在一起，但也有一些城邦尚能自给自足。随着帕伦克城邦和蒂卡尔城邦衰落，较小的亚斯奇兰政权宣布独立。这些政权统治者倾向于利用除水之外的其他权力来源（如非外来贸易路线）来获得贡品。规模较小的赛贝尔（Seibel）和苏南图尼奇（Xunantunich）玛雅人定居点甚至有过短暂的繁荣时期。

其他集中在伯利兹河流冲积层之上的小城邦的统治一直维持到1500年。这些城邦设法维护了供水系统，甚至发展了北部海域贸易。在北部和东部海岸，其他人种群体接纳了玛雅农民、工匠和其他移民，奇琴伊察古城在一段时间内持续发展。然而，此时，标志性的传统古典玛雅统治已经崩溃，尤卡坦半岛南部低地的人口永远不会恢复——地形恢复之后仍旧如此。

奇琴伊察古城

这座玛雅古城如今被誉为现代世界七大奇迹之一

格蕾丝·弗里曼(Grace Freeman)

▲ 奇琴伊察城的"圣井"

奇琴伊察古城是有史以来最大的玛雅历史古城之一，最早起源于750—900年，位于墨西哥东北部的尤卡坦半岛，占地约740英亩①，拥有大量前哥伦布时代的古遗迹和古文物。

奇琴伊察古城的起源如今尚不明确，但"奇琴伊察"意为"在伊察的水井口"，玛雅人将"伊察"解释为类似于"水的魔力"。考虑到这一点，加上这座城市拥有四个显而易见的溶井（sinkhole，被称为天然井②），该城市最初所在之处极具吸引力，很可能是因为该处有源源不断的天然水源。此外，玛雅人经常祭拜雨神恰克；他们还向古代神灵献祭珠宝、手工艺品，甚至活人，以祈求降雨，获得肥沃土地和作物丰收。

阳光照在金字塔上，造成一种巨蟒从北面滑行而下的错觉。

在奇琴伊察古城的四个天然井中，萨格拉多圣井（Cenote Sagrado，或称神圣的天然井）规模最大，直径超60米，深近30米，位于尤卡坦半岛上玛雅人定居点的北部。考古人员在该

① 1英亩约为40.47公亩。
② 天然井：亦称"竖井"。喀斯特地貌自地面向下的天然垂直通道。由可溶性岩石（如石灰岩等）的裂缝经溶解及塌陷而成。——译注

▲ 雨神恰克的雕像，奇琴伊察城内武士神庙中羽蛇神的祭品

井底发现了黄金、陶器、织物、宝石等玛雅人的遗物和人类遗骸，这些很可能是为安抚神灵向井内投放的祭品。

目前考古发现，奇琴伊察古城内大部分原始建筑仍然保留至今，其中大部分建筑得到了保护或修复，其人口密集的城邦中心东西跨度超3公里。城内规模最大、名气最大的建筑是库库尔坎神庙（the Temple of Kukulcan），也被称为卡斯蒂略金字塔。该金字塔神庙位于城内北部大广场（the Great North Platform）内。神庙高30多米，整座塔呈阶梯形，共有9层，向上逐层收缩，顶部建有一座庙宇，四面各修有一段通向顶部的倾斜阶梯，东北面底部刻有石蛇，共有石阶365阶，象征了一年中的365天。

20世纪30年代，研究者在一次挖掘中发现了库库尔坎神庙主体下还有一座规模较小的神庙，这与在小规模建筑上建造大规模建筑的前哥伦布时期建筑文化一模一样。大多数研究者还认为，该金字塔神庙之下深处还隐藏着一个天然井。

卡斯蒂略金字塔是玛雅人为羽蛇神库库尔坎[①]而建，库库尔坎是玛雅人崇拜的蛇神，也是他们宗教的典型象征。在春分和秋分期间，阳光

---

① 羽蛇神库库尔坎：玛雅人心目中带来雨季，与播种、收获、五谷丰登有关的神祇。按照传说，羽蛇神主宰着晨星，发明了书籍、立法，而且给人类带来了玉米。羽蛇神还代表着死亡和重生，是祭司们的保护神。——译注

▲ 恰克摩尔

以一定角度照射到金字塔神庙上，建筑的拐角在金字塔北面的阶梯上投下羽蛇状的阴影，并随着太阳的位置在北面滑行下降。许多学者认为这是在向蛇神致敬，而且在金字塔神庙外部结构下的古老神庙中发现了祭祀文物。

北部大广场的其他重要古迹包括大球场（the Great Ball Court）、美洲豹神庙和武士神庙（the Temple of Warriors），这些古迹对进一步了解古代玛雅文明具有重要意义。大球场是奇琴伊察古城保存下来的13个球场中规模最大、保存最完好的球场，也是古城中举行球赛仪式的关键地点，球队之间经常在比赛中追逐一个大橡皮球。球赛所具有的仪式意义在不同地区的玛雅城邦中有所不同，但玛雅人普遍认为，球本身在前哥伦布文化中代表着太阳，球场上的得分环象征着日出和日落、白天和黑夜之间的过渡。

玛雅人尤其坚信存在这种过渡，并对其进行了进一步解释——神圣的球赛及其球场是生死间的过渡、是现实世界和地下世界（西巴尔巴）之间的联系通道。这一解释暗示了有关玛雅双胞胎英雄的神话，《波波尔·乌》（Popol Veh）①这一神圣玛雅经文对此有所记载。在这一神话故事中，玛雅两兄弟在西巴尔巴地下世界附近打球，被地下世界的领主引诱到地下世界沦为祭品。在其中一个兄弟死前，一个女神怀上了他的孩子，生下了双胞胎英雄。二人之后和其父亲一样被地下世界的领主唤去玩同样的球类游戏，但他们最终成功逃离了西巴尔巴。在玛雅神话中，他们被尊为死亡的继承者。奇琴伊察

---

① 《波波尔·乌》：生活在南美洲危地马拉的玛雅人中的一支基切人的圣书，讲述了古老的创世神话、诸神的故事、基切人的起源、历代国王的事迹，直到西班牙殖民者进入为止。"波波尔"是当地象征权力的草垫，"乌"的意思是"纸"。——译注

现代世界的奇观

十多年来，奇琴伊察古城一直被认为是最新发现的最佳古迹之一

千禧年初，有人发起了一项投票活动——从众多现代建筑中选出当代世界奇迹。这次投票是非官方活动，尽管如此，这次投票还是引起了公众的极大兴趣，并获得了数百万张选票。

2007年获奖名单公布，奇琴伊察古城榜上有名。吉萨大金字塔（The Great Pyramid of Giza）是古代世界七大奇迹中唯一上榜的，被冠以荣誉称号，其余六个建筑分别是：中国长城、约旦佩特拉城（the Jordanian city of Petra）、罗马竞技场（the Colosseum in Rome）、秘鲁印加马丘比丘（Peru's Incan city of Macchu Picchu）、泰姬陵（the Taj Mahal）和里约热内卢的救世主基督雕塑（Christ the Redeemer in Rio de Janeiro）。

尽管奇琴伊察古城的历史意义重大，但它并不是现代七大古建筑中历史最为悠久的，这一荣誉当属中国长城，其建造可以追溯到公元前7世纪，紧随其后的是佩特拉城和罗马竞技场。这一著名名单上最新的雕塑是1931年完工的救世主基督雕塑。

奇琴伊察城于1988年成为联合国教科文组织批准为世界文化遗产

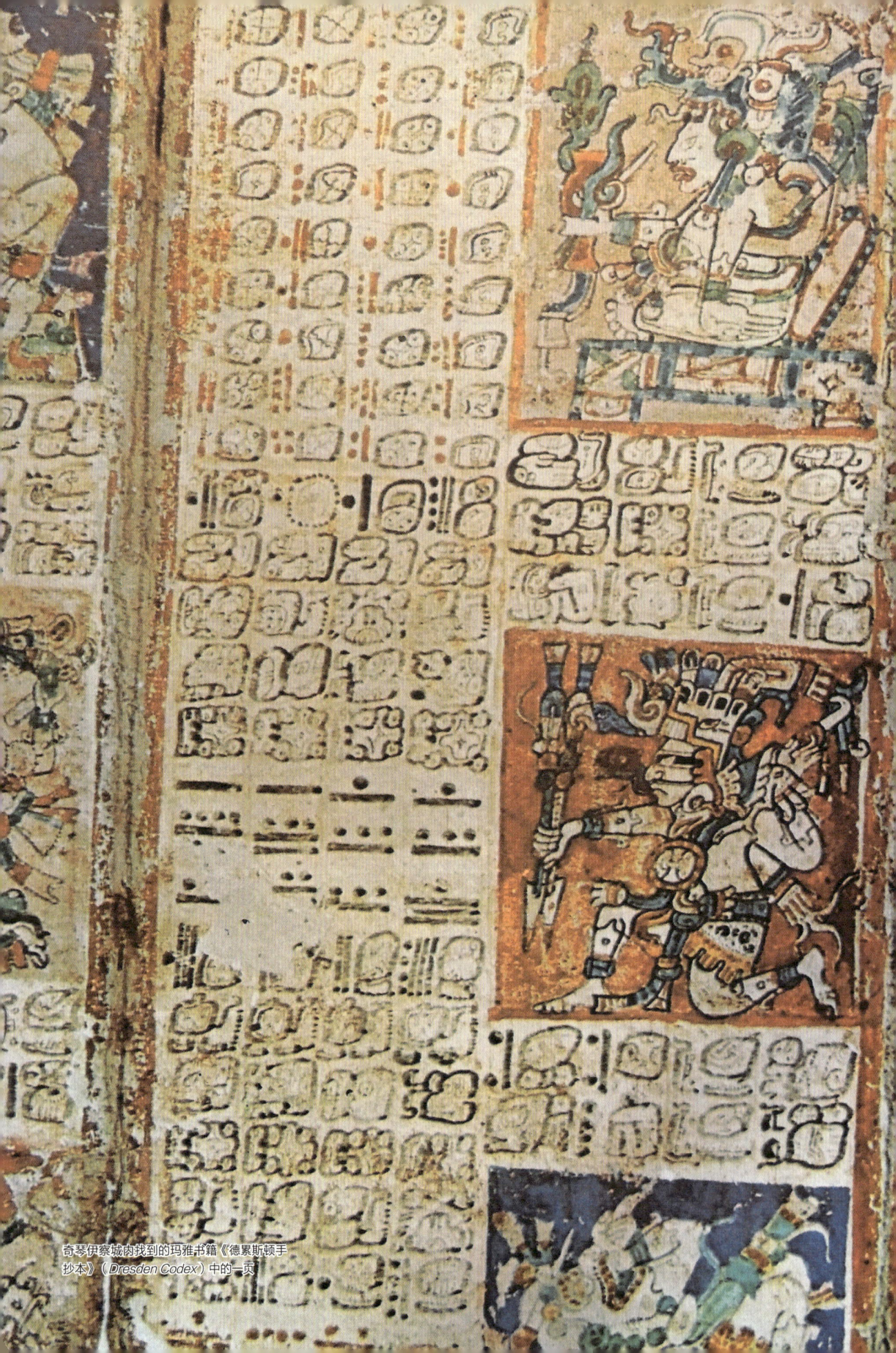

奇琴伊察城内找到的玛雅书籍《德累斯顿手抄本》（*Dresden Codex*）中的一页

古城大球场的建造设计仍在向羽蛇神库库尔坎致敬，该球场四周墙板上的各种雕刻场景描绘了各种缠绕、蠕动的蛇。而位于球场东侧的美洲豹神庙也刻有蛇形符号。

库库尔坎神庙东面是武士神庙，该神庙为阶梯状金字塔结构，中部有一阶梯，正面和侧面排列着200多根石柱——象征玛雅勇士守卫着这座神庙。其顶部有一座被称为恰克摩尔（chac-mool）的大型仰卧人形雕像；该雕像造型独特，双肘撑地，头转向一侧，腹部之上放有一容器。玛雅人认为恰克摩尔是神的使者，置于其腹部之上的碗或盘子是神圣的祭品。武士神庙除其顶部有恰克摩尔的雕像之外，与其他城内建筑一样，其顶部平台之上还有两根巨大的蛇雕石柱，这是对羽蛇神的进一步致敬。

奥萨里奥建筑群（The Osario Group）比北部大广场区域内的建筑群规模要小，位于奇琴伊察古城遗址的南面。此地也有一些重要遗址，还有"Xtoloc"溶井——这一定居点的第二大水坑，意为玛雅语中的"鬣蜥"。这一特殊的溶井主供城市用水，四周是石制储罐。俯瞰该溶井的是"Xtoloc"神庙，神庙遗迹上有关于自然景色的雕刻。当地玛雅人很可能在举行宗教仪式期间使用这一神庙，仪式围绕溶井和祭祀雨神恰克展开。

奥萨里奥建筑群里的知名建筑藏骨堂金字塔（El Osario）规模要比库库尔坎神庙小得多，但在结构上与其类似。其顶部也有一座神殿，但该神庙向下通向一个浅天然洞穴——洞穴内还发现了7座坟墓——因此，该金字塔曾被认为是一个墓室，也被称为藏骨堂。与其周围建筑一样，该金字塔石阶上雕刻着蛇，这是对羽神库库尔坎的致敬。

藏骨堂金字塔还有两条地下通道，似乎在几个世纪前就被封住了。如今，人们相信，如果通道仍可穿越，最终将通向当地的其他玛雅群落（如附近的亚斯奇兰古城），但最初修建这两条通道的目的也可能是为了通往玛雅所谓的地下世界。

如果奇琴伊察古城的地理特性仍有待商榷，那么其领导力和等级制度更是如此。一些历史学家认为，这座城市的政府运作方式与其他玛雅文明不同，缺少单一的统治王朝和由贵族组成的委员会。最近，学者们提出了在一个家族谱系下的传统政治统治结构，该统治结构与当时其他的玛雅城邦类似，但还没有得出明确结论。

然而，毋庸置疑，奇琴伊察古城具有重大历史影响力的一大原因是其拥有强大的经济实力——很大程度上是因为该城所在之地靠近自然泉水，且位于半岛的港口。在这里，该古城能利用珍稀资源（如从周边中心城邦获得的稀有宝石和珍贵金属）来参与向往已久的贸易。

奇琴伊察古城规模不断扩大，而其他邻近的前哥伦布地区不断衰退——亚斯奇兰古城南部的城邦和东部的科巴古城在600年后期不断衰落。据了解，各城邦的命运起伏间存在着某种经济和社会关联。

各类玛雅资料记载，奇琴伊察古城在13世纪中叶被西部玛雅潘文明的统治者征服，他预言自己在跳入"圣井"后生还，将登上王位。然而，这一历史描述几乎没有证据佐证，现在大部分研究者认为，奇琴伊察古城最终于11世纪左右衰落——这正是在玛雅潘文明蓬勃发展之前的某个重要时期。

许多玛雅文明最终消亡很大程度上是因为自然环境和气候发生剧变；玛雅资料显示，从820

电影里的奇琴伊察城
这座黄金古城在现代银幕上占有一席之地

奇琴伊察古城每年迎来 200 多万游客，其在文化上的重要性可见一斑，难怪玛雅遗址会成为许多影视作品取景地。多年来，不仅出现了许多有关该古城的纪录片节目，1984 年由杰夫·布里奇斯（Jeff Bridges）和雷切尔·沃德（Rachel Ward）主演的电影《勇往直前》(Against All Odds) 中还出现了该古城，这是墨西哥政府首次批准在这座历史古城中拍摄电影。演员们在周边地点拍摄了更多电影场景，包括许多其他沿海玛雅遗址和尤卡坦半岛的丛林景观。

虽然奇琴伊察古城还没有在其他电影中出现，但其激发了很多银幕灵感——也许最著名的是震撼人心的印第安纳·琼斯系列电影。在 2008 年上映的《夺宝奇兵》系列电影中的《印第安纳·琼斯与水晶骷髅王国》(Indiana Jones and the Kingdom of the Crystal Skull) 中，考古英雄前往秘鲁，更深入地探索古老文化和古老文明。当然，他最终成功完成旅途任务，他所抵达的最终目的地看起来非常像羽蛇神殿。

▼ 奇琴伊察城的头骨架雕饰

年左右开始，持续近一个世纪的严峻干旱对玛雅地区造成了毁灭性破坏。但这些衰落的城邦主要位于玛雅南部地区——例如我们所知的危地马拉城和伯利兹城——如果这段历史记录可信，那么在这段时间里，奇琴伊察古城不仅设法生存了下来，实际上还有了进一步发展。

然而，最近有关纪年铭文（Dated Inscriptions）和放射性碳测年（Radiocarbon Dating，用于确定有机材料的年代）的学术研究表明，玛雅时间记录资料实际上并不像人们曾认为的那样准确，而且在 9 世纪下半叶，玛雅北部地区和南部地区的计时资料都在减少。历史研究人员认为，玛雅人创造力衰退与当时的恶劣气候条件有关，似乎奇琴伊察城也不能完全免受气候变化影响。

幸存至今的废墟和文物表明，奇琴伊察古城确实存活到了下一个世纪——这段时期的降雨量

▲ 展示玛雅太阳神形象的玉雕

明显高于前几年——但在 11 世纪，这座城邦再也没能熬过另一场灾难性干旱。在极度干旱和农作物产量极低的情况下，玛雅群落及其最大的城邦中心无法有效维持其经济和社会体系；这些城邦逐渐衰落，再也没能回归其权力顶峰。

1050 年左右开始，玛雅定居点逐渐被集体废弃，许多人开始向加勒比海海岸或其他更大面积的潮湿地带迁徙。尽管搬走了，但人们似乎仍可感觉到玛雅人对水、水的特性和雨神恰克的尊重和崇拜。

到 1100 年，奇琴伊察古城已经完全衰落，最终在 16 世纪中叶被西班牙人击败。1527 年，西班牙入侵者弗朗西斯科·德·蒙特霍（Francisco de Montejo）获得了西班牙国王批准，前往尤卡坦半岛。蒙特霍是埃尔南·科尔特斯（Hernán Cortés）的探险队中的一名老兵，该探险队因灭亡了阿兹特克帝国（the Aztec Empire）[①]而臭名昭著；后来，他在如今坎昆（Cancún）以南建立了一座小堡垒，并于 1531 年在坎佩切建立了一个基地。

1532 年，他的小儿子蒙特霍前往奇琴伊察古城，一路没有遭遇任何抵抗，和其部下瓜分殖民了玛雅定居地。直到 1534 年，玛雅人开始为他们的土地而战，越来越多的西班牙军人命丧此地。蒙特霍撤退过后又返回他父亲的定居点并招募玛雅平民，创建了一支由玛雅人和西班牙人组成的军队；这座半岛上的所有城邦最终被西班牙王室占领。

---

① 阿兹特克帝国：存在于 14—16 世纪，其传承的阿兹特克文明与印加文明、玛雅文明并称为中南美三大文明。——译注

玛雅的科学、文字与宗教祭祀

85 玛雅的秘密
揭开玛雅文明的神秘面纱

97 玛雅人的日常生活
从工作、服装到娱乐和玛雅女性生活，带你多方面体验玛雅人的日常生活

103 像玛雅人一样烹饪
品尝玛雅菜肴，制作玛雅经典菜肴

110 制作玛雅巧克力饮料
这款泡泡甜点，满足你的甜食欲望

115 玛雅文字
学习古代玛雅文字，解读玛雅文字历史

122 玛雅神话与玛雅宗教
统治城邦和发动城邦战争的半神（国王）

132 中美洲的科学
无论是研究夜空还是收割庄稼，玛雅人始终重视科学

138 艺术和建筑
玛雅人所打造的高耸塔楼和多彩陶器令人惊叹，这些如今仍具文化影响力

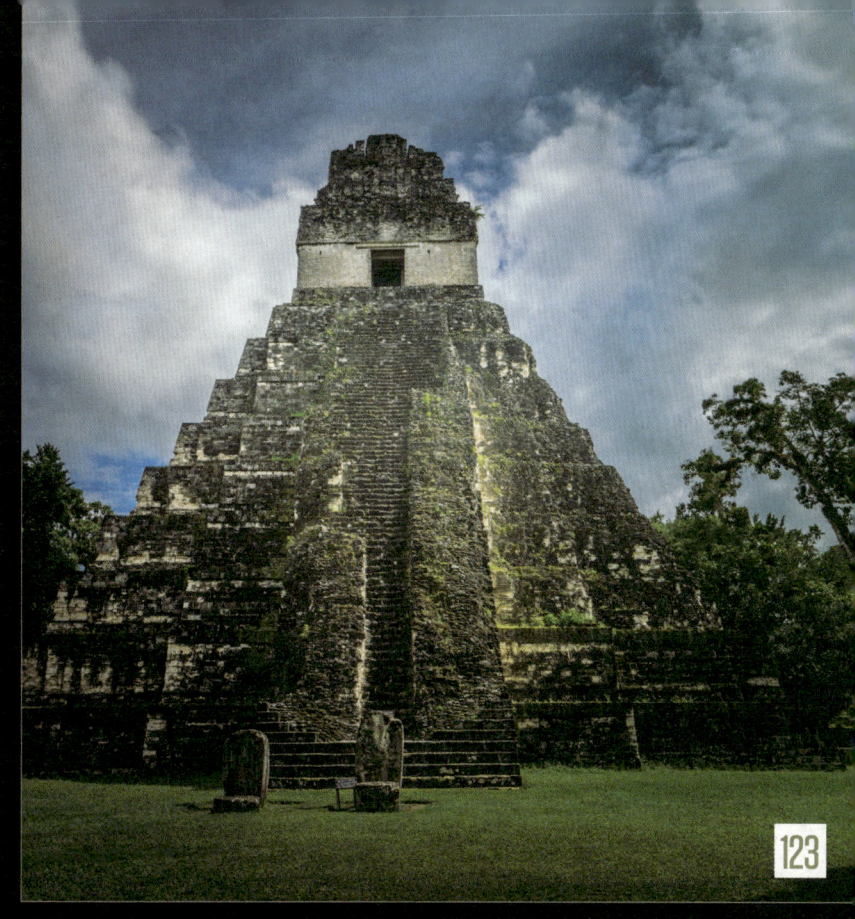

玛雅的秘密

宏伟石头金字塔的建造者、天文学家和残忍的人类祭祀行刑者……
探索神秘和令人震惊的古代玛雅世界

中美洲炎热潮湿的热带丛林深处，曾居住着一个古老而又神秘的民族。他们身着树皮腰衣，手持火山岩制成的长矛，乍一看似乎是一个野蛮、落后的种族，但他们在天文、医学和语言领域所进行的超前研究表明，事实并非如此。

玛雅城邦的标准布局

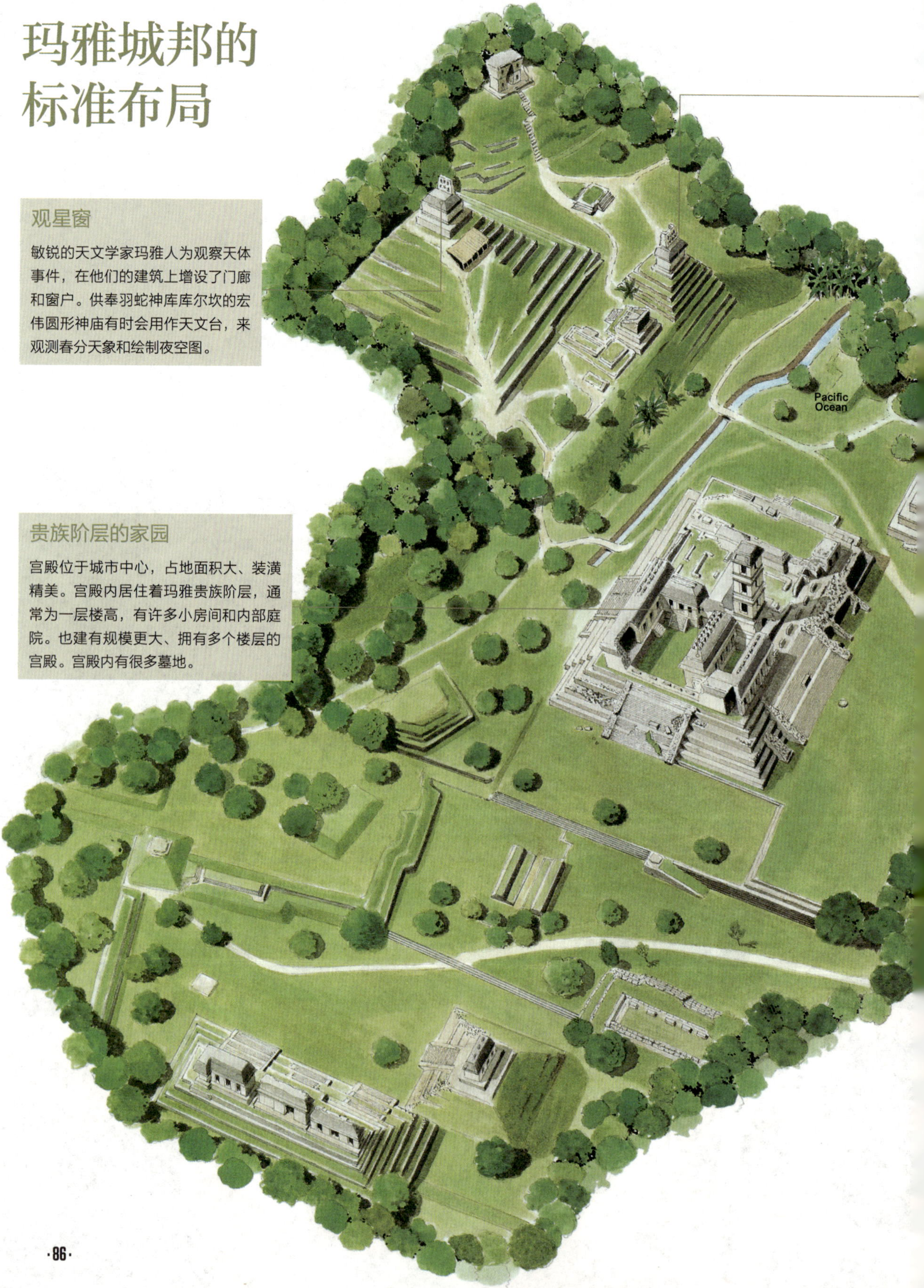

观星窗

敏锐的天文学家玛雅人为观察天体事件，在他们的建筑上增设了门廊和窗户。供奉羽蛇神库库尔坎的宏伟圆形神庙有时会用作天文台，来观测春分天象和绘制夜空图。

贵族阶层的家园

宫殿位于城市中心，占地面积大、装潢精美。宫殿内居住着玛雅贵族阶层，通常为一层楼高，有许多小房间和内部庭院。也建有规模更大、拥有多个楼层的宫殿。宫殿内有很多墓地。

Pacific Ocean

靠近上帝

金字塔可以说是最著名的玛雅建筑，规模巨大，石阶上雕满雕刻。宏伟的金字塔可高达60多米，经常被用作已故统治者的坟墓。

仪式举行地

玛雅城市中常见的仪式平台通常由石灰石建造而成，高常不及4米，装饰着雕刻精美的人物、祭坛，甚至是立在柱子上的遇难者头像。作为公共仪式和宗教仪式场所，仪式平台在玛雅社会中发挥着至关重要的作用。

经过几千年的发展，玛雅文明孕育出各种规模庞大的石城，见证了其间玛雅城市的兴衰荣辱。这些神秘的城市十分受人欢迎，几个世纪过后仍能引发全球学者的疯狂探索。

玛雅文明克服重重困难。在墨西哥南部和中美洲北部，玛雅人在气候严酷的温带沙漠中仍繁荣发展。西班牙军队的铁蹄踏入玛雅，开始其残酷血腥的入侵战争之后，许多玛雅文物毁于一旦，玛雅文明的秘密就这样在战火中被烧为灰烬，实为遗憾。但战争无法完全抹去玛雅社会存在过的痕迹，其留下的巨石城市证明了玛雅文明历经岁月磨砺的韧性。直至今日，玛雅文明和其神秘感依然引人入胜。

早在前哥伦布时期美洲人创造了其书面语言的几个世纪前，玛雅人就创造了第一种书面语言，并熟练地预测了天文事件，并创造出比当时欧洲更先进的数学系统。但他们也对邻邦发动残酷血腥的战争，在雄伟的阶梯金字塔顶部将刀刺入囚犯的胸膛。

古老的玛雅文明中存在着不同地域间的文化冲突，融合了祭祀和古老仪式，体现了对知识和更先进的巧妙工程的追求。至今，人们仍在研究和运用其草药医疗技术，同时，令人叹为观止的奇琴伊察古城被称为世界上最伟大的奇迹之一。

也许我们永远无法确切地了解玛雅人，但由于最近发现了他们留下的信息，我们现在比以往任何时候都更接近揭开玛雅人的神秘面纱。

玛雅医学

玛雅令人赞叹的精妙医术

牙痛

治疗方法：玛雅人十分擅长牙科，只要病人买得起，假牙可由玉石和绿松石制成。如果需要填充牙齿，则会使用黄铁矿（"愚人金"）。装饰牙齿也成为一种潮流，牙齿被锉成尖形，磨成矩形，然后在上面钻孔，再用玉石或闪闪发光的黄铁矿填充孔洞，最终在牙齿上形成图案。

必要，可使用仪式性灌肠（a ritual enema）[①]来达到快速致幻和立即缓解疼痛的效果。

被毒刺蛰到

治疗方法：通过汗水浴来促进患者排汗和排出体内的杂质。这也被用于治疗风湿病、发烧、战后疲倦症状或刚刚分娩的妇女。玛雅人认为热蒸汽有助于净化和恢复身体，实现健康长寿。

天花

西班牙人进军玛雅时，带来了玛雅医师从未遇见过的疾病，如流感、麻疹、肺结核等。有研究者认为正是天花摧毁了玛雅文明，仅在一个世纪内，多达90%的原住民死于此病。面对一种以前所未有的速度大规模迅速传播的疾病，玛雅人的天然草药治疗法根本就是杯水车薪。

玛雅医学的重要理念

玛雅医学重视生命力这一概念，也重视可以将这一力量引导至所需之处的理念。治疗师的工作是要平衡这种能将万物结合在一起的生命力。因为生命力也在植物内部流通，所以多种玛雅治疗方法都重视使用植物。血液决定了身体健康，所以诊脉是确定疾病的关键手段。疾病也被归类为"性热"或"性冷"，洋葱、生姜等热性食物可以被用来治疗"性冷"的疾病，反之亦然。

身体疼痛

治疗方法：要止痛，通常需要使用在仪式中用到的致幻物质来使患者陷入恍惚状态。玛雅人收集各类花卉、蘑菇、烟草和用于制造酒精物质的植物并对其进行熏制，用于止痛。如果有

[①] 仪式性灌肠：对于玛雅人来说，"灌肠"往往是一种祭祀神灵的宗教仪式。在玛雅时代晚期，人们在祭神时，常常使用一种特殊的器具进行灌肠。灌肠者由女性担任，灌肠剂是特制配方的致幻剂。灌肠剂被注入直肠后，很快得到吸收，使被灌肠者产生与神灵沟通的幻觉。——译注

玛雅人成为时代引领者的五大原因

2 建筑
据记载，4400 个玛雅遗址内的建筑已历经数千年。巨大的旦达金字塔占地 45 英亩，高 70 米，是世界上体积最大的金字塔之一。这些留存至今的玛雅建筑很大程度上能帮助我们解读玛雅。

3 艺术品
考古学家已经发掘出大量精致的玛雅艺术品，其中包括巨大的石雕、木雕、叙述性绘画和精致的陶器。其中用玉石和黑曜石等厚重材料制成的物品尤为引人注目。与印加人不同，玛雅人没有制作任何金属工具。玛雅艺术品的一大特色是常以玛雅蓝着色，这是一种明亮的天蓝色颜料，历经数千年，如今看来仍和刚画上去一样鲜艳亮丽。这种颜料的生产技艺至今仍未被破解。

1 天文学
玛雅人非常擅长天文学，开发出了一种极其精确的历法。玛雅日历采用了错综复杂的联锁圆圈排列，其计时精确度比我们如今的日历还要高。尽管没有任何专业设备协助，他们也能够准确地预测天体的位置。

伟大玛雅文明的发展历程

● 公元前 1800 年
玛雅人定居在太平洋海岸的索科努斯科地区（the Soconusco Region）。他们在这里建立了长期定居点，并生产了第一批烧制泥人和陶片。

● 公元前 250 年至 100 年
前古典时期，在玛雅北部低地，不同于南部低地的大型城邦中心，较小的玛雅城邦开始发展。大约在这个时候，第一个雕刻在石头上的玛雅象形文字铭文出现。

● 1618 年至 1697 年
最后的崩溃
西班牙入侵战争在佩滕盆地进入尾声。1618 年，西班牙传教士到达伊察首都，1622 年，一支军事远征队尾随其后入侵玛雅地区。玛雅人抵抗并杀了入侵者，但 1697 年西班牙帝国征服了玛雅。

● 1540 年至 1547 年
战争持续
西班牙的入侵战争仍在继续。1541 年，尤卡坦半岛建立起第一个西班牙城镇委员会。许多玛雅首领屈服于西班牙王室的强大，纷纷归顺，但东部地区的玛雅人仍坚决反抗西班牙的统治。反叛的东部玛雅人最终在战斗中被击败，数百玛雅人被杀。

● 1528 年至 1530 年
玛雅人的反抗
在弗朗西斯科·德·蒙特霍的带领下，西班牙人开始北征。然而，玛雅人并没有那么容易被打败，他们以惊人的力量反击，血腥战争延续了好几年。

 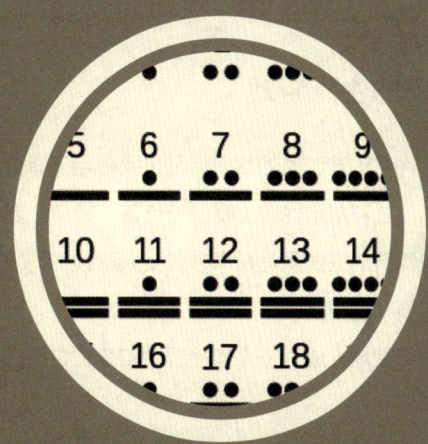

4 写作

玛雅文字是一种由象形文字组成的文字系统，玛雅文明则是中美洲唯一拥有完整文字系统的文明。最早的玛雅铭文可以追溯到公元前3世纪，巩固了玛雅人作为该地区文字发明者的地位。该复杂文字系统使用800个字形组合来表示单词，是唯一一个被大部分破译的中美洲文字系统。

5 数学

伟大的玛雅文明创造了当时世界上最先进的数学和数字系统。利用这种复杂的系统，只需使用三个符号——点状、条状和壳状符号，就可以表示出数值很大的数字。早在公元前36年，玛雅人就提出了"零"这一概念，当欧洲人还在使用罗马数字系统时，玛雅人就创造了"零"的数值符号。

● **250年至800年**
玛雅出现了大规模的城市化和建筑设施，出现了强大的城邦。人口增加到数百万，政治和经济网络在整个中美洲世界稳步扩张。

● **800年至900年**
位于南部低地的各大城市陷入衰退，逐渐被遗弃。这一事件被称为"古典玛雅崩溃"，发生原因仍是一个谜，人们对此众说纷纭，猜测缘由包括干旱、战争或生态灾难。

● **1000年至1500年**
北部玛雅城邦繁荣发展，纷纷修建道路以发展贸易。在奇琴伊察古城和乌斯马尔衰落后，直到1450年玛雅潘才通过战争统治了此处大部分地区。此时，南方各地的小城邦正在慢慢重建。

● **1502年至1529年**
西班牙人于此时开始入侵。克里斯托弗·哥伦布（Christopher Columbus）到达瓜纳哈（Guanaja）后发现了一处玛雅定居点。这些欧洲人掠夺了该地所有他们能带走的东西，并俘虏了一些玛雅人作为奴隶。哥伦布发现新大陆的消息传开了，越来越多的西班牙探险家前往玛雅人定居处，带来了天花、流感和麻疹等旧大陆（Old World）疾病。

波塔波
古老的生死游戏

许多玛雅城镇的共同特征是拥有用于举办盛宴、仪式和展示摔跤比赛的宏伟砖石建筑。这些玛雅建筑的主要用途是举办最受人欢迎的玛雅球类比赛"波塔波"。在这个古老的游戏中,球场变成了战场,成为一个连接现世和死亡之地的圣地。两支球队将面对面比赛,在整个赛程中不断击球,将球击过高挂石环的一方球队获胜。球员只能使用他们的臀部、肩膀、头部和膝盖击球,禁止使用脚或手。球员们会以闪电般的速度在球场上奔跑,试图带领他们的球队取得胜利,因为一个错误的动作可能意味着生死之别。

球场
在 2700 年的时间里,球场几乎没变。尽管球场之间的大小差异很大,但其形状基本保持不变。球场呈"I"字形,有一条狭长的小巷,两侧是倾斜的墙,两端封闭。奇琴伊察古城的球场最大,面积为 2895 平方米。

球服
球员们按传统会穿着带有皮革护臀的腰带,有时也会穿戴护膝和刺木或柳条腰带以进一步保护身体,这也有助于他们以更大的力量击球。他们也会戴上精心制作的仪式头饰,但是可能只在特殊的仪式场合才戴。

陡峭的台阶
玛雅球赛场地的独特之处在于其台阶,台阶上有许多壁画。尽管台阶用途尚未得到证实,但人们认为它们可能仅在球赛中发挥作用,或者能在球赛之后的人类祭祀活动中得以使用。

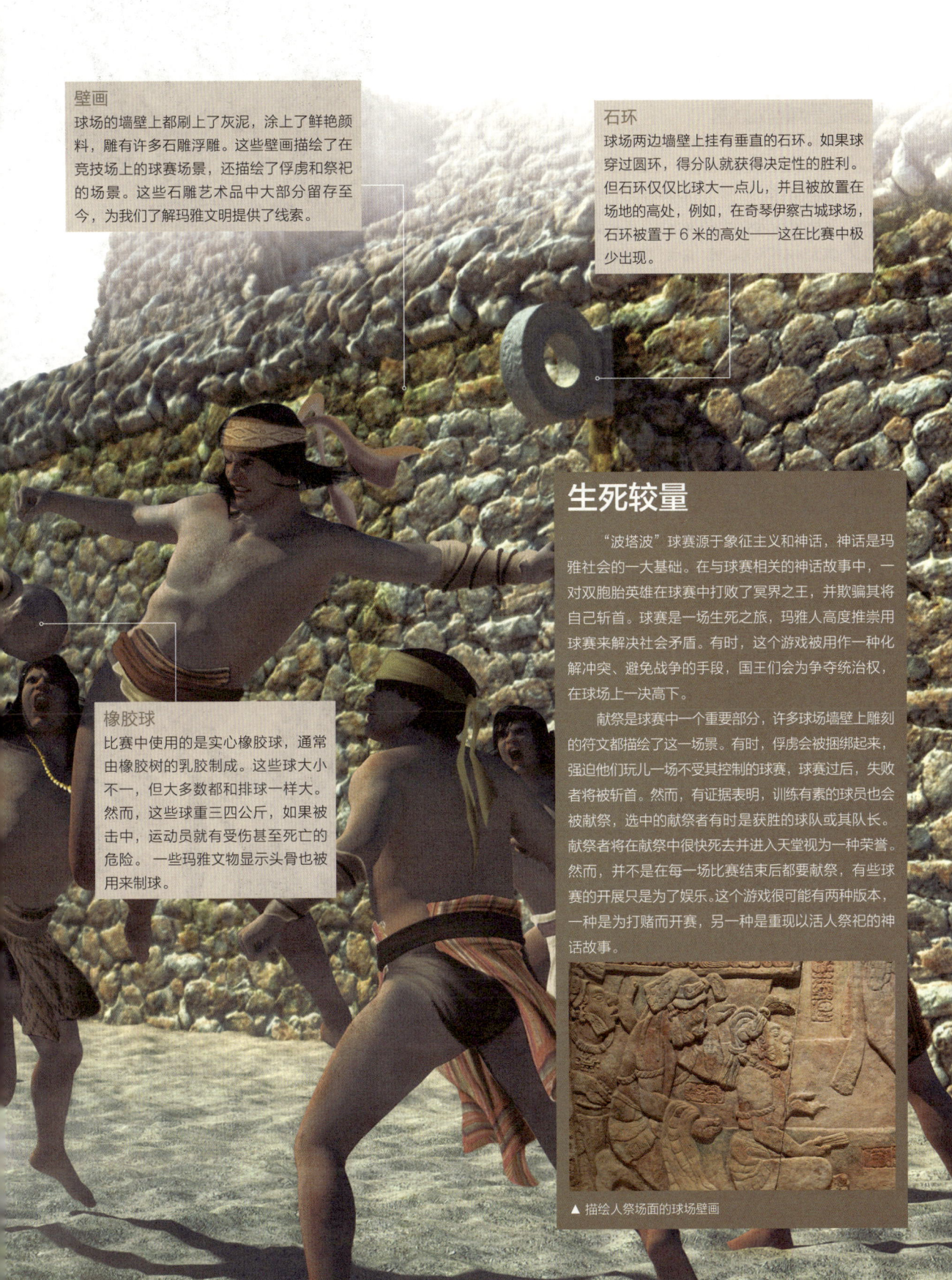

壁画
球场的墙壁上都刷上了灰泥，涂上了鲜艳颜料，雕有许多石雕浮雕。这些壁画描绘了在竞技场上的球赛场景，还描绘了俘虏和祭祀的场景。这些石雕艺术品中大部分留存至今，为我们了解玛雅文明提供了线索。

石环
球场两边墙壁上挂有垂直的石环。如果球穿过圆环，得分队就获得决定性的胜利。但石环仅仅比球大一点儿，并且被放置在场地的高处，例如，在奇琴伊察古城球场，石环被置于6米的高处——这在比赛中极少出现。

橡胶球
比赛中使用的是实心橡胶球，通常由橡胶树的乳胶制成。这些球大小不一，但大多数都和排球一样大。然而，这些球重三四公斤，如果被击中，运动员就有受伤甚至死亡的危险。一些玛雅文物显示头骨也被用来制球。

生死较量

"波塔波"球赛源于象征主义和神话，神话是玛雅社会的一大基础。在与球赛相关的神话故事中，一对双胞胎英雄在球赛中打败了冥界之王，并欺骗其将自己斩首。球赛是一场生死之旅，玛雅人高度推崇用球赛来解决社会矛盾。有时，这个游戏被用作一种化解冲突、避免战争的手段，国王们会为争夺统治权，在球场上一决高下。

献祭是球赛中一个重要部分，许多球场墙壁上雕刻的符文都描绘了这一场景。有时，俘虏会被捆绑起来，强迫他们玩儿一场不受其控制的球赛，球赛过后，失败者将被斩首。然而，有证据表明，训练有素的球员也会被献祭，选中的献祭者有时是获胜的球队或其队长。献祭者将在献祭中很快死去并进入天堂视为一种荣誉。然而，并不是在每一场比赛结束后都要献祭，有些球赛的开展只是为了娱乐。这个游戏很可能有两种版本，一种是为打赌而开赛，另一种是重现以活人祭祀的神话故事。

▲ 描绘人祭场面的球场壁画

3 个玛雅猜想

他们预言了世界末日

👍 专家利用古代铭文对玛雅人使用的长纪历进行了分析。日历预测大周期①将在2012年12月21日结束。在玛雅历法中，这代表着"第四世界"的终结，会有一场巨大的全球变化，永远改变地球的面貌。

👎 世界周期结束对玛雅人来说是一件大事，这一点毋庸置疑，玛雅人对其大肆庆祝而非担忧。这也不标志着日历到此结束，而是会继续开始另一个世界周期。毕竟，在这个世界周期结束之前就已经结束过一个世界周期。另外还发现了一些历法，证明玛雅人相信世界还会再持续运转至少7000年。

结论：错误。
在玛雅文字中没有任何证据表明这个世界末日理论，这是现代人对玛雅历史和文化的误解。

墨西哥并非玛雅文明的发展繁荣地

👍 古代文明不太可能在季节性沙漠中繁荣发展，而人们却认为玛雅文明是个例外。中国、埃及和美索不达米亚等其他古代文明都是沿河发展，有稳定的饮用水来源。因此，玛雅文明是在其他地方发展起来，然后在文明发展末期到达热带低地，这一推测可能更加合理。

👎 诚然，玛雅文明被认为是在一个没有稳定水源的季节性沙漠里繁荣起来的，但要是认为玛雅人没有能力在季节性沙漠中求生，那就是忽视了玛雅人的非凡成就。玛雅人创造了一种巧妙的能储存雨水的蓄水系统，并设计了第一个水压系统。此外，考古发掘的证据表明，玛雅人创造出许多巧妙的方法来应对他们居住地的恶劣环境。

结论：错误。
没有证据支持这一猜想——无数的考古发现表明玛雅人在墨西哥低地生活了数千年。

玛雅人是一个热爱和平的民族

👍 玛雅社会在当时极其发达。玛雅人重视天文学、数学和写作等知识发展，相信有一种生命的力量将万物联系在一起，极其尊重和信仰自然力量，其医疗技术证明了这一点。玛雅人还生活在分散的、自给自足的城邦中，极其重视农业发展。

👎 近期发现和新破译的文字显示了玛雅人的另一面，他们内部经常相互争斗。各城邦统治者都渴望扩大他们的领土，于是各城邦间常发生流血战争。坚固的防御工事、对战争的艺术描绘以及武器的发现都证实了玛雅人经常卷入暴力战争。

结论：错误
玛雅人与大多数古代文明一样，战争是他们文化变革的驱动力。

---

① 大周期：玛雅预言大多是年代记录，宣告在"第五太阳纪"时终结，因此，玛雅预言地球将在此时更新。第五太阳纪始于玛雅纪元3113年，历经玛雅大周期5125年后，走向新纪元，并非世界末日。——译注

最后的谜团
玛雅到底发生了什么?

800年,玛雅文明处于鼎盛时期,城邦从现在的墨西哥南部延伸到现在的洪都拉斯北部,数百万的公民在城内进行朝拜、繁荣发展。然而,仅仅100年后,这些宏伟城邦只剩下一片废墟,人们纷纷逃离。这使得一些研究人员认为,这些城邦受到了地震、火山爆发等突然爆发的灾难性事件袭击,但由于城邦衰弱时间跨度长,这一说法可信度不高。

现代入侵或战争理论似乎也不太可能解释当时发生的大规模城市崩溃。更有可能的一种现象是,突然暴发一种毁灭性传染病,在人群中肆虐。但最为流行的理论是,玛雅人遭遇了严重干旱。对高度依赖降雨和狩猎生存的玛雅人而言,干旱是灭顶之灾。然而,任何理论都没有确切的证据,因此玛雅城市的崩溃至今仍是历史上最大的未解之谜之一。

玛雅人认为舞蹈可以将死人放出死亡之地

玛雅人的
日常生活

玛雅人的生活围绕着稳固的家庭关系、辛勤工作和社区生活等价值观展开

弗朗西斯·怀特（Frances White）

玛雅文明社会呈金字塔结构。社会金字塔底层是平民，为其之上的工匠、商人、贵族和领袖奠定了坚实的物质基础。一个人在该金字塔上的位置不仅决定了他的社会地位，还决定了他生活中的衣食住行。领袖和贵族住在巨大的石头宫殿里，而平民则住在城市边缘的泥屋中，阿姨、叔叔和祖父母一大家子人挤在一个房间内。平民甚至会被埋在他们生活了一辈子的房子的地板下面。

工作

玛雅平民大多从事农业。玛雅社会不仅依靠农民耕作维持运转，还依靠他们进行贸易活动。玛雅人不使用金属工具或驮兽来进行耕种，其耕种的艰辛可见一斑。他们使用简单的石器工具或手工完成所有耕种工作。为了解决耕种难的问题，玛雅农民使用了巧妙的耕种方法来提高作物产量，帮助养活庞大的人口。例如，他们会一起种植玉米、豆类和南瓜这三种主要作物，这三种作物相互有助于生长。他们还会使用刀耕火种的方法，焚烧林木，然后在肥沃的灰烬中播种。并非所有的平民都是农民，他们也做搬运工、采石场工人和贵族的仆人。而贵族

◀ 可可成为玛雅社会的重要组成部分，被编进了创世神话

通常成为牧师、政府官员、文士或军事领袖，更受人尊敬。玛雅人相信高贵的地位通过血脉传承，与普通人相比，贵族与神的联系更多。这一观念意味着普通平民根本不可能向上层阶级流动。

玛雅社会的另一个重要阶层是工匠阶层。他们受雇创作精美的艺术品供贵族欣赏。尽管他们仍是平民，但他们设法不在田间从事繁重的体力劳动，而是把时间花在制作珠宝、陶器和头饰上。这通常是一种家庭生意，每个家庭成员都要参与其中，制作工艺品以维持生计。

服装

社会阶级很大程度上决定了服装穿戴。平民被禁止和贵族穿一样的衣服。平民的衣服适合从事重体力劳动，服装大多简单——男人穿腰布，女人穿衬衫和长裙。如果天气冷，他们都会披上被称为"mantra"的披肩式毛毯。

富人们穿着色彩鲜艳的衣服，佩戴羽毛和手工艺大师精心制作的珠宝。贵族服饰用刺绣、兽皮、毛皮和宝石装饰，远比平民服饰华丽。帽子则代表着较高的社会地位。实际上，帽子越高越好，有些帽子甚至比戴帽子的人还高。

珠宝是玛雅时尚的重要组成部分，那些买得起珠宝的人会用珠宝装饰全身。富人佩戴金、银和宝石制成的耳环、鼻环、项链和胸针，而穷人也会佩戴用骨头、黏土甚至木棍制成的耳环、鼻环、项链和胸针。最流行的石头是玉，代表着生命和成长。文身也很流行，玛雅人相信任何身体装饰都可以向神展示他们的社会地位。

玛雅人认为"斗鸡眼"很有魅力，父母会用一根绳子在婴儿的眼睛之间挂一块石头，并将其系在发带上，试图强迫孩子形成斗鸡眼。他们还喜欢长鼻子和凸嘴，许多人会戴上人工鼻梁来形成这种钩状。玛雅人另一种不同今日的审美标准是喜爱尖利的牙齿，贵族和平民都会把他们的牙齿锉成尖状。如果他们买得起宝石，他们也会在牙上镶宝石。人体彩绘也可用来确定玛雅人的社会身份。未婚男子身绘黑色彩绘，牧师身绘蓝色彩绘，战士身绘红色和黑色条纹，红色则是所有人都喜欢的颜色。

女性

在玛雅社会中，尽管女性从属于男性，但女性扮演着比以往更重要的角色。玛雅社会有女性统治者存在，通常替幼子摄政。女性也经常在特定的圣地担任女祭司，通常是在洞穴、天坑等朝圣之地。这些圣地不仅吸引了平民，也吸引了贵族，他们会赞美掌管生育、助产和医药的女神伊希切尔（Ixchel）。女祭司能占卜他人命运。

玛雅女人最常做的是照顾家庭，这可不是一

▲ 在这幅作品中，一位贵族禁止一个男子触摸盛放巧克力的容器

▲ 这幅作品展示了玛雅贵族涂有流行的红色彩绘

件小事。玛雅人十分重视生育，玛雅女性因而在这一方面受到了尊重。女性纺织也对维持玛雅经济做出了不可觑的贡献。妇女从事纺纱、织布和染布工作，创造出精致的纺织艺术品，为丰富的贸易往来提供了物质基础。妇女在一些地区还干农活、放牧——饲养鹿群来养活人口。

孩子

在玛雅社会，孩子出生是一个非常重要的时刻，象征着好运和财富。牧师会给所有孩子起一个乳名，但最常被使用的是家中所唤的小名。孩子在成长之路上要严守规矩，被灌输的核心价值观是要尊重和帮助长辈，拥有改善社区的强烈道德感也同样重要。孩子们从五六岁起就要承担为家庭做贡献的责任。长到五六岁这个关键年龄，男孩儿会将一颗白色的珠子编进头发，而女孩儿则会在腰上佩戴一个红色的贝壳。男孩儿长至14岁，女孩儿长至12岁左右，会参加一个标志其孩童时期结束的仪式，到这时，以上这些象征孩提纯洁的装饰会被移除。

女孩儿和男孩儿都跟随他们各自的父母学习手艺。女孩儿们学习做饭、纺纱、织布和打扫卫生等家务活。同时，男孩儿们一到5岁就会学习耕作技术。

女孩儿在结婚前会和父母住在一起，而男孩儿一旦进入青春期就被要求独立。年轻的未婚男子会住在一起，直到他们找到合适的妻子。这些婚姻几乎都是父母包办，男子长至18岁，女孩儿至少到15岁才会结婚。新婚男子将与岳父母住在一起，并在农场上协助他的岳父工作长达6

▲ 蕉叶玉米粉粽子（Tamal colado）是一道典型的玛雅菜，通常由玉米粉团、火鸡和蔬菜混合在芭蕉叶中制成

▲ 玛雅人的乐器包括泥哨、小号、长笛和鼓

年。这遵循了玛雅人尊重和照顾社区长者的重要传统，有助于建立牢固的家庭纽带。

食物

除了玉米，其他受欢迎的主食还包括豆类、南瓜、辣椒、西红柿、红薯、黑豆和木瓜。典型的玛雅早餐包括玉米粥和称为"saka"的辣椒。中午的吃食是用玉米粉团包上蔬菜和肉做成的粽子。晚上的正餐通常包括玉米薄饼和炖蔬菜，如果够幸运的话，还会有肉。玛雅人很喜欢吃鱼肉、鹿肉、鸭肉和火鸡肉。玛雅人也以吃狗、豚鼠和犰狳而闻名。

全球范围内，最受欢迎的玛雅食物是巧克力，巧克力原料来自可可树。玛雅人将可可豆籽视为珍品，可可豆籽可以当作金钱进行交易。巧克力则被视为来自神灵的礼物。巧克力是只有有钱的贵族才能享用的东西，他们每天都喝这种有泡沫的液体。巧克力十分神圣，有时在宗教仪式中甚至会被用来代替祭祀之血。

娱乐

虽然玛雅人大部分时间都在努力工作以维持城邦正常运转，但他们也会抽出时间来娱乐。娱乐活动通常围绕宗教仪式进行，他们喜欢跳舞、音乐和玩游戏。最著名的游戏之一是名为"波塔波"的球赛，在这个游戏中，球员必须将橡胶球击过石环，输赢双方都有可能被献祭。这个游戏宗教意义浓厚。

玛雅人有多种意义不同的舞蹈，包括树影之舞、猴舞和鹿舞。他们跳起这些舞蹈大多是为了敬神。玛雅社会上所有人都可以参加音乐表演，不分贫富老少，曾有1.5万多名玛雅人同时参与其间。

全球范围内，最受欢迎的玛雅食物是巧克力。

团结玛雅社会的物品——玉米

玉米是玛雅文化的核心，几乎与玛雅人生活的方方面面都有联系。玉米在炎热的气候下长势良好，易于储存，可以养活整个玛雅人口。玉米是许多玛雅流行食物的基本原料，其中包括玉米饼、麦片粥甚至饮料。这种作物还被用于治疗疾病。玉米在宗教中同样重要，原因在于玛雅人认为人类起源于玉米。玛雅宗教的中心神之一是玉米神胡恩·胡纳赫普（Hun-Hunahpu）[1]。

玛雅人对玉米的迷恋甚至影响了他们的审美。玉米穗顶部逐渐变窄，玛雅人也因此认为长形头部很好看。玛雅父母会使用一种叫作钻削的方法来迫使新生儿的头部变成类似玉米的长条形状，他们会将固定在头部的木板压在新生儿前额上，迫使前额向上和向后倾斜。这一方法仅在贵族阶层中使用。研究人员发现，90% 的玛雅人头骨都被这种方式拉长，从中可见玉米对玛雅人的重要性。

▲ 直至今日，玛雅仍流行着一个故事，即会在玉米山发现玉米种子

① 胡恩·胡纳赫普：玛雅神话神祇之一，流行于今墨西哥以及中美洲等国家与地区。——译注

▲ 这个玛雅国王的灰泥头像不仅展示了工匠们惊人的高超技艺，也展示了玛雅人的审美标准

今天的拉丁美洲美食大多是西班牙美食和本土美食的融合

像玛雅人一样烹饪

看看玛雅人是如何制作美味又辛辣的食物的

爱丽丝·巴恩斯·布朗（Alice Barnes Brown）

一个玛雅家庭一家人坐下来吃晚饭，手上还粘着玉米粉团。母亲看着她的孩子们贪婪进食，而她的丈夫在农场辛苦劳作一天后也在一旁耐心地看着。他们的菜肴可属皇家级别了——除了大多数玛雅家庭中常见的炖菜和硬面包，还有热可可饮料在火上冒着气泡。巧克力、辣椒、水果和香料的香味在村子里飘散，吸引着前来品尝的访客。

喜爱玛雅食物的人还有很多，不单单是玛雅人。玛雅的食物味道绝佳，甚至连傲慢的西班牙征服者都对玛雅的各类肉食、水果、新鲜蔬菜和醇香烈酒印象深刻。但要想知道玛雅人是如何做出这样一桌美味佳肴的，就得从土壤入手。

玛雅人的主食之一是玉米，玛雅社会自始至终都在种植玉米。玉米富含营养和碳水化合物，价格低廉，生长周期短，在玛雅社会中占有独特地位。这种作物有自己的神明——玉米神——玛雅象形文字和艺术中以玉米为主题的图案很常见。《波波尔·乌》甚至称，人类最初由玉米构成，所以玉米占了玛雅人饮食的60%也就不足为奇了，从丰盛的玉米粥到松软的玉米饼，餐桌上总少不了玉米。

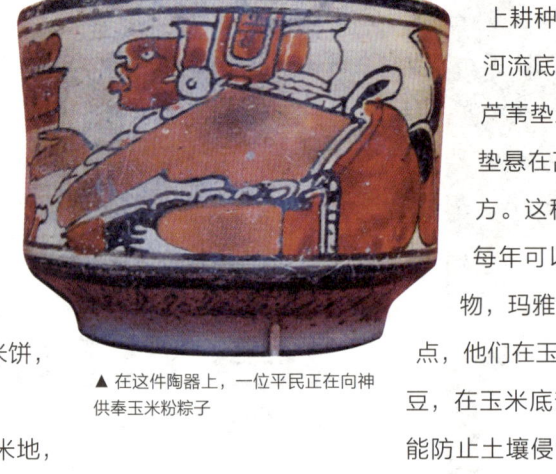
▲ 在这件陶器上，一位平民正在向神供奉玉米粉粽子

玛雅乡村到处都是玉米地，但在一个耕地被山脉、河流和雨林所占据的地方，耕作很困难。幸运的是，玛雅人对玉米的狂热意味着玛雅人在艰苦条件之下也找到了种植他们最爱的玉米的方法。

玛雅农业的一个突出特征是在"高地"——建在沼泽地之上的肥沃土地上耕种。玛雅人从沼泽或河流底部挖出泥浆，放在芦苇垫上，然后又将芦苇垫悬在高出水面几米的地方。这种营养丰富的土壤每年可以种植两到三种作物，玛雅人充分利用了这一点，他们在玉米秆周围种植攀缘豆，在玉米底部种植南瓜（这还能防止土壤侵蚀）。这种方法非常巧妙，至今仍在中美洲部分地区使用。

在美洲广泛使用的另一种耕作技术是梯田。

▲ 玉米一直是玛雅人的主食

▲ 这幅壁画描绘了玛雅人正耕种玉米地的场景

为了供养如此庞大的人口，玛雅人需要空间，而且是很大的空间。于是，平地消失后，他们去到山上，在山坡上开辟出一片天地。梯田便是一大天才建造——石墙防止了水分流失和土壤侵蚀，而阳光照射改善了植物风味，也促进了植物生长。

当玛雅人急需空地种植食物时，他们会砍倒部分雨林，并将剩下的雨林烧毁。当大火烧毁古树时，灰烬像雪花一样飘落到土壤上，为土壤提供肥力，这将在几年中有益于玉米的种植，但土壤肥力很快就会枯竭。

当然，玛雅人并不只擅长种植玉米。玛雅人每栋房子前都有一小块土地，他们在那里种植蔬果（木瓜、番石榴、鳄梨、西红柿和辣椒最受欢迎，以及南瓜等瓜类蔬菜和红豆、黑豆）供自己食用。这意味着每个家庭饮食都很健康，富含蛋白质、维生素以及碳水化合物和脂肪。

大多数玛雅人的食物以植物为主，但毫无疑问，他们喜欢吃肉，一有时间和机会就会吃肉。他们经常猎杀鹿、猴子和犰狳，而鹌鹑、鸭子等禽类也出现在其菜单上。玛雅人在院内驯养了鲜美多汁的火鸡，他们甚至还把狗养肥了吃。

鱼也是玛雅炖菜中的一道美食——玛雅人像我们如今一样在河流中和海上设陷阱、布线、布网来捕鱼。但如果渔夫犯懒，他会唤他信任的训练有素的鸬鹚来帮忙。这些敏捷的鸬鹚用喙抓住倒霉的鱼，但无法将其吃掉，因为它们的脖子被绑住了。之后，渔夫将当天捕获的鱼带回家做晚餐，他的妻子会在明火上烤鱼，用盐和香料调味。

事实上，玛雅人是开采盐矿的高手，并使用大量盐来保存食物以备日后食用。城邦市场中常见的一景是绳子上挂满了晾干的咸鱼。钠元素的使用在玛雅人调制酱汁和腌制泡汁的过程中也很重要——钠与酸橙和柠檬混合时，会在舌头上生成一种甜而浓烈的味道，非常适合给肉增添风味。玛雅人着迷于调味。

但任何一位称职的厨师都知道，做出一道菜

▲ 如果没有玛雅人，或许就不会有许多我们今天所认识的基本食材

的关键不只在于调味料。玛雅人也知道这一点，他们用特定的方式烹饪食物，提升食物的味道。另外，清淡的玉米饼在一个叫作"comal"的热盘子上烤成，这样使玉米饼多了一点儿烧焦的味道。与此同时，在"pib"里煮肉和煮鱼味道最佳。"pib"是地面上的一个洞，里面填满了白热的木炭，上面覆盖着树叶和泥土。这种煮肉方法能确保肉质柔软，骨肉分离。蒸也是一种有效的烹饪方法，尤其是玉米粉粽子——用大蕉叶或玉米叶包裹玉米粉团，蒸至柔软。

玉米粉粽子通常是玛雅人的主菜，但在他们的餐桌上还能找到更多佳肴。美味的南瓜炖菜和玉米饼放在一起，玉米面饼能完美吸收汤汁。还有各种各样的酱汁，包括牛油果酱和辣番茄沙司。

玛雅饮品之丰富也令人吃惊。当然，热可可必须榜上有名。而玛雅巧克力中加入辣椒香料、蜂蜜和香草会成为一种更加奢侈的饮品。水果也可以榨成新鲜果汁。玛雅人会喝一些更烈的酒，如"balche"——一种由发酵的树皮和蜂蜜水制成的蜂蜜酒。虽然该酒主要是在宗教仪式中食用，但也受广大民众欢迎——也许是太受欢迎了，所以西班牙人后来禁止该酒的流通。事实上，西班牙人对玛雅人的烹饪也产生了影响，他们把

▲ 玉米粉粽子是用玉米叶或芭蕉叶裹上馅料，馅料包括蔬菜、奶酪、肉、辣椒甚至水果

牛奶、奶酪、牛肉、鸡肉、猪肉、大米、橄榄、葡萄干等更多的东西出口到玛雅人的领土内，当地人对其喜好不一。也许，西班牙人对玛雅食物最显著的影响是在热可可中加入了牛奶和糖，形成了如今全世界都知道和喜爱的温暖、甜美的睡前饮料。

如今深受喜爱的墨西哥菜是传统玛雅菜受西班牙人影响形成的产物。无论是在米饭卷饼上大量涂抹的酸奶油，还是在豆子卷饼上堆的奶酪，墨西哥美食都是玛雅美食和西班牙美食的完美融合物。

同时，生活在现代墨西哥和危地马拉的玛雅人仍然忠实遵守古代食谱，用传统方法烹饪炖菜和玉米饼。甚至鳄梨酱、萨尔萨酱和玉米饼等著名玛雅菜肴的食谱也基本没有变化。出人意料的是，玛雅人用来丰富烹饪创意的香料如今在世界各地都很受欢迎——辣椒已经成为非洲、亚洲甚至欧洲菜肴的重要原料。与此同时，纯香草口味目前在世界范围内最受欢迎。

如果没有巧克力、西红柿、辣椒或南瓜，我们该怎么办呢？如果没有玛雅的烹饪，全球食谱将失去一个重要组成部分。

玉米粉圆饼
可按照传统方法用这些玉米饼包裹蒸肉

原料：
- 150 克玉米粉
- 100 毫升温水
- 1 汤匙葵花籽油
- 少量盐

步骤：
1. 把所有的配料放在一个碗里混合，揉匀。
2. 把面团分成高尔夫球大小的小块，用擀面杖将每个面团擀成圆饼，呈一个硬币薄厚。
3. 煎锅内放少许油，玉米饼每面煎 30 秒左右。
4. 将玉米饼盛盘，用茶巾包裹，以保持温度。

玉米粥
玛雅舒适温暖的饮品

原料：
- 720 毫升水
- 250 毫升全脂牛奶
- 65 克玉米粉
- 50 克红糖
- 2 茶匙肉桂粉
- 1/2 茶匙香草精

步骤：
1. 开小火，平底锅内烤玉米粉，待变成棕色，加水，不断搅拌。
2. 玉米粥煮至冒泡，加入牛奶、糖、肉桂和香草精，慢煮。
3. 不断搅拌约 5 分钟，直到黏稠。尝味，若喜甜，可再加些糖。
4. 将泡沫搅至顶部，倒入杯子。

玉米粉粽子
很适合当干粮

原料:

馅料:
- 400 克干黑豆
- 1/2 茶匙辣椒粉
- 4 个新鲜辣椒,切片
- 1 个番茄,切碎
- 1 汤匙盐

玉米粉团:
- 500 克玉米粉
- 500 毫升温水
- 1 汤匙盐
- 15 片香蕉叶或玉米叶

步骤:
1. 锅内倒入黑豆、大蒜、辣椒粉、辣椒,加水,至豆子上大约两英寸[①]。煮沸后文火煮 30 分钟。
2. 加入盐,继续煮,直至叉子戳豆子时豆子变软。
3. 将混合物中多余的液体沥干,加入切碎的番茄。
4. 将玉米粉和盐充分混合。慢慢加入温水,不断搅拌。
5. 反复击打玉米团,直至面团内进入足够的空气。
6. 将芭蕉叶或玉米叶铺平,在上面放上玉米粉团,每边留一英寸的边,加入一汤匙豆子馅。
7. 将叶子的侧面向中间折叠,然后将包裹好的玉米团子放入有盖的蒸笼中。
8. 蒸 45 分钟,即可食用!

---
① 1 英寸为 2.54 厘米。

制作玛雅巧克力饮料

享受一顿供奉神明的可可大餐吧

巧克力在被做成棒状并成为敲大猩猩这一广告的灵感来源之前,在中美洲就已经很受欢迎了。玛雅人食用的可可或可可树的种子被用来制作一种独特的饮料。这种简单的可可饮料很快成为人人买得起的大众饮品。在玛雅人的宗教节日、婚礼等重大活动中,可可饮料被盛在精美的器皿中供人饮用。可可饮料制作方法先后传给了阿兹特克人和西班牙入侵者,之后传遍全球,最终发展成为如今深受人们喜爱的巧克力甜饮。

你需要什么?

研磨棒(Mano)和石磨盘(Metate)

烤盘和煎锅

可可树

等待
可可树每年都会开花,但要 3—5 年才开始结果。

豆荚的位置
时间一到,树干和树枝上会长出可可豆荚,等待收获。

内部饱满的豆荚
每个豆荚含有 30 颗到 50 颗可可豆作为种子,这足够做 7 块巧克力了。

昆虫的竞争
在收集期间,要注意豆荚上的蚊虫,它们小到可以放到针尖上。

自己种植可可树
为了避免一次又一次在森林中跋涉,记得保留一些可可树种子,种植自己的可可树。

不要把可可豆都煮了!
可可豆也可以用作货币。4 个可可豆可以买 1 个南瓜,10 个可可豆可以买 1 只兔子。

可可豆　　　红辣椒　　　杯子

1. 收获可可

可可树的果实豆荚中含有可可豆。当豆荚变黄时,就可以收获了。带一篮子豆荚回家后,把豆子从豆荚里舀出来,让它们发酵五六天,然后铺开晾干。

2. 烤熟并去壳

豆子晾干后,将其放入煎锅里进行烘烤,这一步骤有助于去壳。要做到这一点,可以进行"筛壳",即将咖啡豆抛向空中。这可以确保去除所有的外壳,防止有苦味。

3. 研磨咖啡豆

收集去壳后的可可豆准备研磨。这时需要用研磨棒大力研磨放在石磨盘上的可可豆,当可可豆碾磨至糟糊状,就可以准备加热了。豆子需要研磨3—6个小时才能形成真正光滑的糊状物。

4. 加入香料和调料

如果就这样煮可可豆，巧克力尝起来会很苦，所以需要添加很多调味料，以确保符合自己的口味。可以切一些辣椒扔进去，给巧克力增添辣味，或者搅拌一些蜂蜜，让巧克力变得更甜。在加热之前，还需要向巧克力糊中加入水和玉米粉。

5. 煮沸

现在需要将巧克力糊煮沸，所以要将其放回平底煎锅中，置于明火上。小心别烧糊，否则巧克力饮料就完蛋了。慢火煮，直到空气中充满可可的香味。搅动混合物，使混合物尽可能多地生沫。

6 凉置上桌

之后将巧克力糊凉置，最后会得到一层厚厚的、美味的巧克力泥！如果没有大的容器，陶瓷杯子也可以。

在玛雅文明中，独立的石雕很常见。图中这个位于伯利兹佩萨哈（Pusilha）玛雅古城

玛雅文字

古典时期的玛雅文字由一系列雕刻的象形文字组成

大卫·克鲁克斯（David Crookes）

对研究者而言，破译玛雅的象形文字系统是一项艰巨任务。几个世纪以来，他们对现存石碑、陶器和骨头上装饰的象形文字雕刻困惑不解。更重要的是，这些文字也被雕刻在木头上或被写进树皮纸折叠的"抄本"里，为了弄清这些文字的本质，他们在错误的研究道路上走了许久。

事实上，直到最近学者们才真正了解了古典时期的玛雅。他们已经能够更好地研究三种玛雅文字——"Ch'olan"、"Tzeltalan"和"Yucatec"。但每一种玛雅文字都高度复杂，历史学家至今仍未完全破解。

事实上，直到2005年，才确定了玛雅文字的起源之日。其起源可以追溯到奥尔梅克文化。2005年之前，人们普遍认为玛雅文字由公元前500年奥尔梅克文化使用的类似地峡文字（Isthmian

◀这些象形铭文代表现世人和天上神明间的交流

▲ 玛雅人玩一种橡胶球游戏。这个圆盘被放置在球场的地板上，上面的文字记载了献祭日期

script）①演变而来。但在危地马拉北部的圣巴托罗（San Bartolo）发现了最早可识别的玛雅铭文，表明在前古典时期玛雅人即具备了读写能力，这引发人们重新思考。

20世纪50年代，在苏联语言学家尤里·克诺罗佐夫的帮助下，玛雅文字研究取得了重大突破。他一直在研究法国传教士兼人种学者艾蒂安·布拉瑟尔·德·布尔堡（Étienne Brasseur de Bourbourg）的著作，布尔堡于1963年宣称发现了一份16世纪的手稿，作者是墨西哥尤卡坦州罗马天主教主教区的西班牙主教迭戈·德·兰达（Diego de Landa）②。

布尔堡在马德里的皇家历史学院发现了兰达所著的《尤卡坦纪事》（Relación de las cosas de Yucatán）③，他认为该文本对玛雅词汇和短语进行了分类，并准确地将玛雅符号与西班牙字母相对应，但是克诺罗佐夫对该文本将玛雅符号与西班牙字母一一对应这一点并不确

---

① 地峡文字：一种起源非常早的中美洲文字系统，大约从公元前500年到500年在特华特佩克地峡地区使用。地峡文字在结构上与玛雅文字相似，也是形声结合文字。——译注
② 迭戈·德·兰达：16世纪晚期西班牙修士，去到中美洲的玛雅地区，为传教烧毁了几乎所有玛雅文字典籍。但对理解玛雅文化有开创性贡献。——译注
③ 《尤卡坦纪事》：该书记载了尤卡坦半岛玛雅人的生活习俗、文化和文物。其中，记载玛雅的长历法编到2012年结束。——译注

定。他对此勤奋地进行研究，最终发现，兰达实际上只是将玛雅符号与西班牙音标值相对应，而非字母。这是一个突破性的进展，在接下来的几十年里，人们对玛雅文字有了更深入的了解。

研究人员很快就弄清楚了玛雅文字系统，该文字系统主要使用了符号——一组书写的字符，每个字符代表一个特定的单词或短语。玛雅人明白，要用一种符号来代表他们所能想到的每一件物品、概念和情感几乎不可能，所以他们也使用了音节符号。这些符号与音标有关，意味着玛雅人说的任何话都可以被记录下来。

在这个系统的基础层面，看到一个符号就可以马上反应出它代表的含义：可能是美洲虎亦或是蛇、山或神。另一方面，象形文字可能由音节组成，代表着声音组合形成单词，这就是玛雅文字的复杂之处，原因在于符号和音节图也可以组合。因此，同一个单词可以用不同的方式书写——例如jaguar（美洲豹）一词，如果书写者不喜欢使用符号的话，也可以按照音节来书写。有时不同的符号也可以表示相同的意思。一种思想可以以多种方式表示，一些符号可以代表多个语音，所以语境在协助破译玛雅文字方面发挥了重要作用。

每一个符号和音节都极具艺术性，所以最终形成的玛雅文字极具美感。尤为重要的一点是玛雅文字的创建方式很灵活。每个字形符号的中心为主要符号，其他被称为词缀的符号通常被标记在主符号之上，形成一个字形块。词缀的位置可能在两个到五个组合符号之间，位于主符号顶部、左边、右边或底部，最终影响字符意思。

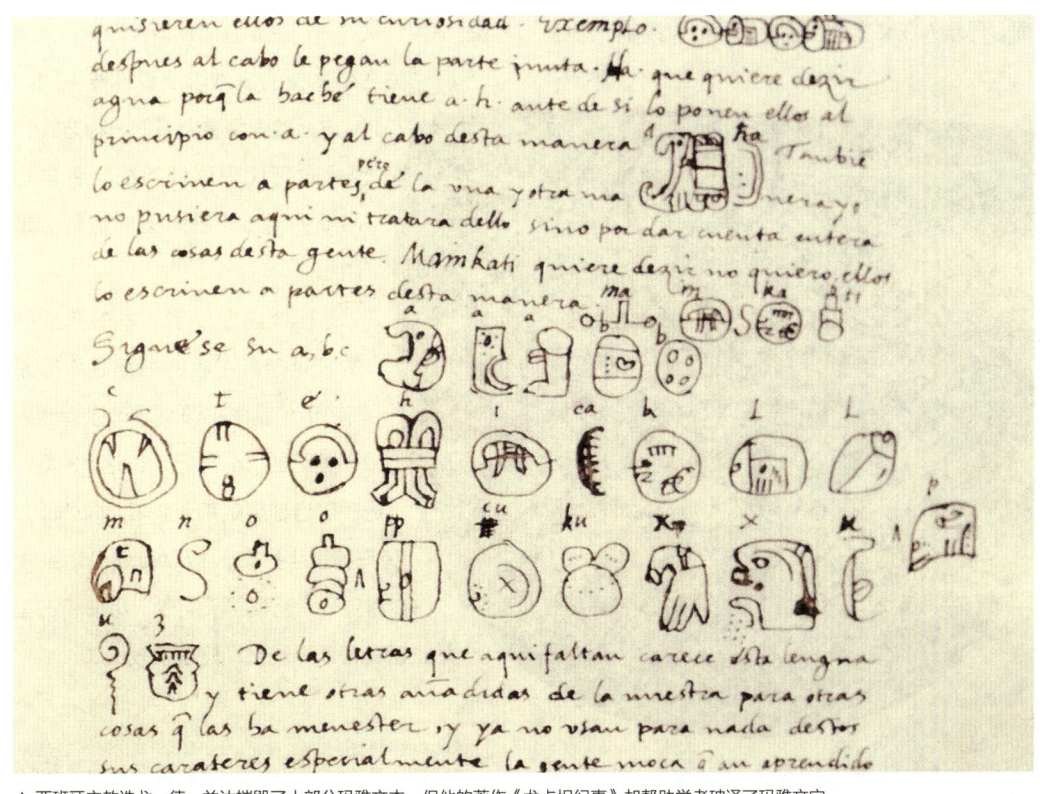

▲ 西班牙主教迭戈·德·兰达摧毁了大部分玛雅文本，但他的著作《尤卡坦纪事》却帮助学者破译了玛雅文字

为方便读者阅读和抄写员誊写字符，玛雅符号总共有 1000 多个，但能同时用到的只有三分之一到一半的字符。尽管字符是按网格状图案一块一块排列，但其实际上是成对的两列字符组合在一起。它们的书写方式和阅读方式一致。在阅读字符时需从第一列字符的左上角符号块开始读起，然后向右扫视第二列第一行字符块，然后向下移动到第一列的第二行字符，在再次向下迂回之前，看向右边的符号块。

当前两列字符阅读完毕，眼睛会直接扫回字符网格的顶部，这次是第三列。同样，顺序应该是先往右看，然后向下看到第三列的第二行，然后再向右向下看。按照这种方法阅读，眼光不断移到第五和第六列，以此类推，直到阅读完整个文本。通过阅读作品，玛雅人可以辨别出遵循"日期—动词—主语"结构排列的句子中的主语和动词。玛雅人在文本中也会使用复数、数字、形容词和介词。字形块也会有应该如何发音的准确提示，而代词常附加在名词、及物动词和不及物动词之后。

随着时间的推移，文字也在演变。有证据表明，一些符号被简化了，而另一些则变得更具艺术性。但能用文字清晰表达似乎至关重要，于是我们看到代表单词的符号不断增多，可识别符号中仍蕴含与文本相关的大量信息。但大多数玛雅人并没有阅读能力，只有受过良好教育的贵族和神父精通书面语言。

文字系统得以使用在于其备受玛雅人推崇。兰达认为玛雅人相信文字是上界神和创造者——如天神伊察姆纳（Itzamna）①——的发明，这是一种被天主教徒视为偶像崇拜的信仰。玛雅人一般用文字来记录国王和王后的宣言，而非进行创作。事实上，大多数古代文献——或者至少是那些幸存下来的——主要以记载事件为主。文献关注所发生的事件以及事件发生的时间，这是加强军事力量的一种方式，也是对历代玛雅城邦统治者丰功伟绩的记载，石碑上的雕刻更是如此。

至今还发现了 4 本书籍或抄本。现存最古老的书籍是《德累斯顿手抄本》，该文本可以追溯到 13 世纪或 14 世纪，长达 78 页，记载了当地历史和天文表。与此同时，《马德里手抄本》（Madrid Codex）有 112 页，记载了天文表、历书和占星术，旨在帮助玛雅祭司开展宗教仪式。

▲ 玛雅人会在陶器上雕刻或绘制文字，在玛雅墓葬中发现了许多相关文字

---

① 伊察姆纳：玛雅最重要的神祇之一，是第一魔法师，是智慧和知识之主，是书写的发明者，有人甚至认为他是法力最大的众神之主。——译注

这些玛雅象形文字在墨西哥国家人类学博物馆展出,它们是在尤卡坦半岛北部的一个考古遗址中发现的

仔细研究玛雅文字

玛雅文字可能看起来像随意排列的艺术品,但玛雅抄写员在书写时遵循固定书写规则

主要符号

1 这些字形块遵循一样的书写规则,各个符号相互连接组成单词。字形块中最大的组成部分为主符号。

不同音节

2 有些图像是符号,有特定的含义。其他的是音节图,或音标——这些可以组合成任意单词,也可以附在符号上,也可以描绘数字。

易于阅读

3 文字应该两列两列一起阅读,从网格中的前两列开始,从左到右阅读,然后继续阅读后两列,以此类推,直至阅读至最后。

旋涡装饰

4 有些设计被一种叫旋涡装饰的华丽围框所环绕。这可能是记载周期为260天的卓尔金历所记载的日期。

多样词缀

5 除主符号外,其他符号也可以作为词缀添加。主符号左边的是超前缀,上面是前缀,下面是子前缀,右边是后缀。

▲ 1931年，在墨西哥恰帕斯州亚斯奇兰遗址中，发现了这条玛雅门楣，它可以追溯到600年到900年之间

书由树皮制成，可以追溯到10世纪或11世纪，人们对其是否为真迹曾一度有争议，但2018年专家宣布该书为真迹，该书只有10页，是现存最古老的手抄本。

这样的作品加上更多记叙真实事件的雕刻铭文十分有助于专家了解玛雅文明。破译这些文字有助于我们了解玛雅文明，包括其神明、王室、建筑、食物和时代特征等。更为重要的是，专家们在20世纪八九十年代加大了研究力度，如今已经确定了85%以上的象形文字的音标，但他们并不完全理解这些词的含义。玛雅语词典日趋完善，人们可以阅读超过90%的玛雅语文本并在一定程度上准确理解其含义。

如果不是西班牙入侵玛雅之后禁止使用玛雅文字系统，肯定会有更多可研究的玛雅文字材料。尽管玛雅文字继续被人们使用，但玛雅文本在16世纪和17世纪遭到了大幅破坏，这就是现存的手抄本只有4本和学者们不得不依赖陶器和纪念碑上的残缺文字进行研究的原因所在。

博物馆里存有很多文字资料，但如果整个玛雅文字系统被保存下来，整个世界将会对其有更深入的了解。不过，在过去的几十年里，研究人员勤奋地对玛雅文字系统进行了大量研究，进展迅速，并有了一些新发现，尤其为占星术对玛雅宗教和预言的影响带来了新见解。未来有可能会有更多新发现。

在长达22页的《巴黎手抄本》（Paris Codextoo）①中，大部分是描述仪式的内容。这4本手抄本中最有趣的或许是《墨西哥玛雅手抄本》（Maya Codex of Mexico），也就是以前的《格罗里手抄本》（Grolier Codex）②，它于20世纪60年代出现在私人收藏中。这本

---

① 《巴黎手抄本》：该手抄本记述了玛雅的预言以及玛雅天文，集两者制成了方士秘录。——译注
② 《格罗里手抄本》：1956年在墨西哥发现，只有10页纸，只简单记载了金星年历。——译注

玛雅神话与玛雅宗教

三千年来，玛雅所信奉的众神和玛雅神话
将玛雅人与神话、仪式和祭祀联系在一起

本·加祖尔（Ben Gazur）

从古至今，玛雅人从来不是一个大一统民族。但在玛雅3000多年的历史长河中，玛雅人共同的语言、文化和宗教将他们联系在一起。古玛雅文明中有诸神、信仰和神话元素，从城市建设到农作物种植，宗教都发挥了至关重要的作用。要准确了解玛雅人，必须了解他们的信仰。

说到玛雅宗教，人们对其多少有些误解，因为所有事物都在发展，宗教也不例外。几千年来，玛雅人的生活一定发生了变化，不同城邦所流传的神话也各有不同。如果将这些不同版本的神话进行比较也会有很大的启发，但很不幸，我们在这一方面所做甚少。

尽管玛雅人发明了美洲当时最复杂的书写系统，但其记录有关宗教的内容很少。西班牙入侵玛雅之后迫使玛雅人信奉基督教，这使玛雅宗教遭受了毁灭性打击。

许多令人印象深刻的玛雅庙宇都建在玛雅重要人物的坟茔之上

▲ 玛雅文化中神的形象经常同时拥有人类和动物特征，代表超越人力控制之外的自然之力

迭戈·德·兰达十分有助于我们了解玛雅人在西班牙入侵时期的宗教信仰和宗教活动，但讽刺的是，他也是我们如今所能研究的相关宗教资料如此少的原因之一。兰达是一名方济各会修士，后来成为尤卡坦半岛的主教。当时，他惊恐地发现，改信天主教的玛雅人仍然崇拜当地的神灵。他随后展开了审讯，没收了当地所有的玛雅宗教书籍和宗教神像。在马尼城的中心广场上，玛雅书籍和雕像被堆在一起当众烧掉，兰达声称他烧毁了27本玛雅宗教书籍。从长远来看，在那宿命般的一天，玛雅人和未来的玛雅文明研究者就失去了研究玛雅宗教的相关资料，今天我们只剩下三份完整的玛雅象形文字抄本。

虽然我们现在可以破译玛雅人留下的大部分文字，但要理解玛雅宗教作品背后的隐喻却远没有那么简单。大部分玛雅宗教仍未被完全破解，如果能了解玛雅宗教，我们就能更深入地了解古典时期的玛雅人。

众神

玛雅的神并不总以同一面貌示人，一个神常有多个形象和不同的名字，因此难以真正辨认出具体某个神。玛雅神话中的天界支配者伊察姆纳有时很年轻，有时老态龙钟，有时人头鸟身。根据玛雅的肖像学，伊察姆纳的多个形象可以与玉米之神、创造之神和祭祀的形象联系在一起。伊察姆纳是本身拥有这么多形象，还是我们对神的解读与古代玛雅人的信仰并不相符？

玛雅神的面貌变化多端，就连学者也无法就已知神的数量问题达成一致。一个无名之神经常被描绘成身处黑暗的地下世界，手持黑曜石刀，周围全是人骨。这可能描述的是死神或战神阿普切（Ah-Puch），据说他掌管着黑暗的来生，但也可能只是一位不知名的神。

▲ 玛雅手抄本记载了玛雅诸神的图像，这有助于辨别在玛雅遗址中发现的雕刻形象

我们主要通过神的雕塑来了解神，像《波波尔·乌》和《奇兰·巴兰》（Chilam Balam Books）①等记载内容不多的古代玛雅著作中并没有有关神祇的记录。通过总结一系列重复的肖像特征，我们能辨认出以不同面貌出现的神祇。布鲁克·夏布坦（Buluc Chabtan）是战神和死神，其眼周和一侧脸颊以下均为黑色。我们可以看到布鲁克·夏布坦燃烧建筑物、烤人、与商业之神艾克·曲瓦（Ekchuah）战斗的不同场景，在各个场景中他以不同的形象出现。

对玛雅人来说，神的伟大力量是创造宇宙和维护宇宙。如果神灵不能维护自然世界，那么洪水、饥荒、地震等自然灾难对玛雅人而言将是毁灭性的。

创造世界

生命源头中有水——这是《波波尔·乌》一书告诉我们的有关玛雅人宇宙创世的概念：

如今所有的一切可能在生命创始之初都不存在：只有池水，只有平静的大海，只有水汇集在一起……只有造物主，只有塑像者，至高无上的羽蛇神，信徒，水中的创始者闪闪发光……他们本身就是伟大的智者，伟大的思想家。

在原始混沌的早期水域，众神创造了世间一

---

① 《奇兰·巴兰》：意为"美洲豹的预言"，是玛雅人的历史文献。奇兰·巴兰是负责记载历史的祭司。祭司们记录的历史保留至今的尚有三部，其中最完整的是《楚玛耶尔的奇兰·巴兰》。该书估计完成于16世纪，记录了玛雅人被征服前的历史。其他两部完成得较晚，内容也不全。——译注

▲ 天坑是重要的供水来源和礼拜场所

切。然而，众神对创造的郁郁葱葱的南美丛林并不满意。"为什么只有单调的嗡嗡声？为什么只有树木和灌木丛下的沙沙声呢？"于是，众神把动物放进了丛林。他们仍不满意。如果不能被崇拜，做神还有什么意义？最终他们做出了如下决定："所以现在让我们试着创造一个给予者，能给予赞赏、尊重和支持，能养育生命。"

众神用泥土创造了第一批人类，但这些可怜人的泥质身体一遇水就化了。接下来，众神试了试用木头造人。这些人四处迁徙，繁衍子嗣，但在他们木头般的头脑和心灵里空空如也，不知创造了他们的神为何物。于是众神发动了一场大洪水将他们冲走。直到第三次尝试，玛雅神才最终创造了现在的人类。他们用有韧性的玉米面团塑造了玛雅人，赋予玛雅人以生命。对玛雅人来说，玉米不仅是一种能抵御饥饿的重要粮食作物，还是生命本身的物质。

众神创造了延续玛雅伟大血统的四个男人。在举行完崇拜众神的球赛后，众神明确规定玛雅人的祭祀仪式。

纪念死者

活人和死人之间有一种强大联结——活着的人要安抚死去的先人

玛雅人对死亡和与世长辞的人怀有深深的敬意。玛雅历史上有各种各样的埋葬方法和仪式,这些都表现出对死者的关怀。

许多玛雅人把死者埋在家里的地板下。将死者纳入家庭中,既加强了家庭与过去的联系,也(在玛雅人看来)可以保护他们免受恶灵的侵害。在葬礼中,包括玉石钱在内的随葬物品会一同下葬,用来支持下葬者的来世之需。对可怜的玛雅平民来说,有时他们能带到来世的唯一物品就是一件标志着他们职业的工具。

玛雅贵族的墓葬可能要宏伟得多,现在矗立的许多金字塔和庙宇最初都是国王和贵族的坟墓。在蒂卡尔,依金·陈·卡维尔(Yik'in Chan K'awiil)在其父亲坟墓的基础之上建造了大型金字塔。这些金字塔既是纪念碑,也是礼拜场所。火葬在西班牙人到来之前的几个世纪就开始流行了,有时死者的骨灰会被放在雕像里。在宗教节日,亲人们会为逝者的雕像和灵魂献上食物。

仪式和典礼

在西班牙人入侵前,玛雅人的本土神一直存在于他们生活中的方方面面。神的画像随处可见。兰达在描述玛雅宗教时,详细描述了玛雅文化中无处不在的神圣符号。"玛雅人崇拜的偶像太多,连他们的神都不够用,众神的形象无所不包,上至飞禽,下至走兽爬虫,这些都融入到众神的形象之中……至于众神形象,他们完全知道它们是由人的双手创造出来的,易逝,并不神圣;但玛雅人因其代表众神而尊重它们。"

▲ 玛雅人把祖先的骨灰放在雕像或装饰华丽的瓮中

玛雅人通常在这类雕像前、在寺庙中进行祭拜。人由众神创造,所以敬拜众神很有必要。众神创造了人类,所以人类必须安抚他们,以确保人类的生存。敬拜众神的方式多样,可唱歌、跳舞,提供农作物和面包,甚至举行球赛。然而,最为神圣的祭品是血。《波波尔·乌》描述了一对英雄双胞胎的故事,他们下到玛雅冥界,在被焚烧致死和被碾碎致死后又死而复生,死神邀请他们再次展示他们的复活之术。于是,斯巴兰克(Xbalanque)砍下他兄弟乌纳普(Hunahpu)的头,挖出他的心脏——这是玛雅人常用的活人献祭方法——然后用魔法让他的哥哥复活。死神叹为观止,要求换他体验一次。双胞胎同意了,他们杀掉死神,但并没有让死神复活。从那天起,玛雅人可以不再用活人向死神献祭,而是用熏香和动物做祭品。

与献祭他人相比,更为常见的祭祀方式是献祭自己的鲜血和进行斋戒。现存的雕刻显示,玛雅人会割划自己的身体,兰达告诉我们:"玛雅人有时在耳朵周围割开条状伤口,收集鲜血献祭,并留作记号……并将收集到的鲜血涂在恶魔(神)的雕像上。"祭祀只是召唤神的一种方式。斋戒也在宗教仪式之前进行,在这些仪式中,参与者为了净化自己而不会吃肉或性交。

燃烧用树汁制成的熏香也是一种祭祀方法。我们被告知,旅行者会带着香和一个小盘子来烧香。当他们晚上休息时,会竖起三块扁平的石头,向艾克·曲瓦神燃烧他们的祭品,以确保旅途安全。

另一种常见的祭祀方式是模仿神的穿戴——玛雅城市的贵族们会穿着和雕刻中的神一样的衣服进行祭祀。玛雅父母会将孩子的头部绑上木板,使孩子们的头部变得细长。这种做法在许多古代文化中都很常见,但对玛雅人而言,这种做法似乎是为了把孩子的头骨塑造成与神的头部相似的形状。

虽然每个人都参与神的祭拜,但祭拜任务主要由祭司和占卜者承担。祭司充当神与人之间的翻译。不同级别的牧师有不同的职能。大祭司沿袭世袭制,他们撰写宗教经文,任命其他祭司,并担任君主的顾问。低级牧师居住在每个城镇,为个人和家庭举行仪式。能够预言未来的祭司被称为奇兰·巴兰。兰达称奇兰·巴兰的职责是"向当地所有的人传达恶魔(神)的神谕,他们受到当地人的极大尊重,以至于他们通常只有把担子扛在肩上,才能走出家门。"解读复杂的神圣历法是祭司的一大任务。随着时间推移,玛雅的国王扮演了祭司的角色,这赋予了他们精神和世俗的权威。

玛雅朝圣

玛雅宗教最令西班牙人印象深刻的特点之一是他们的朝圣之旅。作为天主

▶《马德里手抄本》是现存的为数不多的玛雅文本之一,记录了诸神相关内容

遇见众神

神的数量如此之多,很难知道该向谁祈祷,但这里有一些主要的玛雅神

人们经常说,我们所知道的玛雅神大约有160个,但我们不懂这些神的来源且神的形象多变,所以很难确定一个确切的数字。然而,在我们所知道的天神中,有一些令人着迷的人物。

死神阿普切

阿普切代表着黑暗、死亡和灾难,但也帮助儿童和努力之人。也被称为"恐怖的腐蚀之神"。

雨神恰克

玛雅人总是面临干旱威胁,风暴和雨水之神恰克很受其欢迎。雨神被供奉在天坑中,被称为天坑水中的神灵之一。

玉米神

玉米神常与英雄双生子的父亲胡恩·胡纳赫普联系在一起,胡恩死后被他的儿子们复活,就像玉米每年被砍下却又在土壤中重生一样。

伊希切尔女神

伊希切尔女神主管水、子嗣繁衍，也能创造彩虹。虽然她能带来新生命，但有时她或许会以战争女神的形象出现。手脚如利爪，头盘毒蛇，常与天神伊察姆纳一同出现。

天神伊察姆纳

天神伊察姆纳是第一个祭司，也是教玛雅人写字的人。他教授玛雅人医学、艺术和农业等生活各方面的知识技能，是最受玛雅人欢迎的神之一。

教崇拜者，西班牙入侵者能够理解玛雅信徒访问圣地的愿望。"他们对科苏梅尔（Cozumel）和奇琴伊察古城的天坑怀有极大的崇敬，就像我们对耶路撒冷和罗马的朝拜一样；他们去往科苏梅尔去献贡品，像我们在圣地所做的一样。如果他们确实不能亲自去，就托人捎贡品去。"

在玛雅人所住之地，水是一种稀缺资源，因为雨水很容易被地面的石灰石吸收。水井必须深深打入地下，蓄水池也必须挖好以收集尽可能多的雨水。自然形成的井，被称为天坑，就像奇琴伊察古城的"圣井"，成为了主要的朝圣地点。朝拜者会留下贵重物品来祭拜神，或者偶尔把人当作祭品。西班牙人看到这些天坑里没有留下黄金时，他们最终确信玛雅人并没有大量的黄金储备。

死后的生活

玛雅人也会经历死亡，但他们从未将其视为生命的终结。兰达记录说，玛雅人坚信灵魂和人死后的生命不朽。来世被分成了两部分。天堂有13层，那些献祭的人，那些在战争中死去的人，那些分娩而死的人，还有那些在球赛中死去的人，死后会去往天堂。如果一个人死后值得去一个好地方，他将进入"一个永无疼痛之地，那里会有大量的食物和美味的饮料，以及一棵清新、绿荫如盖的大树，玛雅人称其为'Yaxche'的木棉树，人们可以在其树荫下休憩，永享和平"。

另一方面，那些死得不光彩或邪恶的人会进入一个黑暗的恐怖之地，该地被称为西巴尔巴。在这里，他们"被恶魔折磨，承受寒冷、饥饿、疲惫和悲伤所带来的巨大痛苦"。因为玛雅人相信不朽的灵魂不会消亡，所以人们要么享受死后永恒的和平，要么承受死后在尘世中的无尽苦楚。

中美洲的科学

玛雅人能绘制星图，进行复杂的计算，
因地制宜，治愈疾病

斯科特·达特菲尔德

▼ 玛雅人将其记录的天体视为神，认为太阳神奇尼奇·阿豪可以预防干旱和控制疾病蔓延

▲ 据称，玛雅人将银河视为灵魂前往来世的通道

早在伽利略·伽利雷（Galileo Galilei）第一次用望远镜观测天体之前，玛雅人就已经为恒星编目了数百年。玛雅人是卓越的天文学家，他们早已知晓太阳、月亮和其他天体的运动对日常生活的影响。

一系列树皮纸抄本清楚地记录了玛雅人在天文方面的发现，但大多数资料都在西班牙入侵期间被摧毁了。世界上如今只存有 4 部玛雅手抄本，分别是《巴黎手抄本》、《马德里手抄本》、《德累斯顿手抄本》和《墨西哥玛雅手抄本》。

玛雅天文观测者在《德累斯顿手抄本》的书页上记录了不同天体在天空中的运行。玛雅人将天空中的太阳、月亮和星星视为神，认为各神担负着不同的职责，注视着天下的土地。玛雅人相信地球是一切的中心（直到 16 世纪许多人仍相信这一点），当行星之神在天空出现时，是在对玛雅人传递信号。

例如，天空中最明亮的存在（太阳）是太阳神奇尼奇·阿豪（Kinich Ahau），也是玛雅宗教中最强大的神。天文爱好者跟踪观察太阳的运动轨迹，记录了太阳每年的周期，包括春分和冬至。玛雅人认为月亮是女神伊希切尔，她会在晚上送太阳神回地下世界。

《德累斯顿手抄本》还记录了许多恒星和行星偕日升（heliacal risings）[①]时的详细图表，这是一颗恒星每年黎明时分从东方地平线升起的时刻。然而，有一颗特别明亮的行星引起了玛雅人的注意——金星。金星被玛雅人密切监视，其运行决定了玛雅人许多宗教仪式的时间。《德累斯顿手抄本》显示玛雅人测量出金星的运行周期是 584 天（即从地球的角度来看，回到夜空中相同的可观测位置需要多长时间），只比现代测出的运行时间短两小时——考虑到当时玛雅人并没有望远镜，该测量时间的精确度令人惊讶。

---

① 偕日升：一颗恒星（也可以是月球或行星）隐藏在地平线下（也可以是被太阳光芒隐藏）一段时间或一定的周期之后，首度在拂晓时又出现在东方地平线，或是正好在地平线但隐藏在太阳的光芒之中的现象。——译注

玛雅人认为，太阳、月亮和星星都是神，各神职责明确，守护着下面的土地。

除了记录太阳和其他行星的运行，这些手抄本还对月食和日食的发生时间进行了预测。作为虔诚的宗教徒，玛雅人认为日食是一个不祥的征兆，经常将其解读或描绘为一个吞噬太阳或月亮的恶魔。这些预测在发生月食前给玛雅人敲响了警钟，玛雅人能根据预测提前准备他们认为的能确保他们安全的宗教仪式（通常是血祭）。《德累斯顿手抄本》记录了33年来玛雅人预测的每一次日食和大多数月食的发生时间——无论它们是否能被玛雅人看到。玛雅人原打算之后循环使用该预测表。事实上，该表可能可以一直使用到18世纪，对于一个大约写于1200—1250年的手稿而言，这已经足以证明其意义。

证明玛雅人能进行令人印象深刻的精确计算的，不只有其发现的金星运转周期和日食发生时间。玛雅人还用他们复杂的太阳历法（哈布历）计算出，地球上的一年是365.2420天，而农历一个月是29.5308天。这两个数值非常接近现代计算出的一年365.2425天和一个阴历月29.53059天，误差分别为43.2秒和18.1秒。

玛雅天文学主要跟踪观察较大天体的运行，但玛雅手抄本中也记录了观测的许多其他夜空中的小行星。当你抬头看星星的时候，可能会认出一些我们用来绘制夜空地图的星座，比如希腊猎户座或者代表双子座的双生星座。大约在12世纪，玛雅人在观察同一片天空时，描绘出了他们

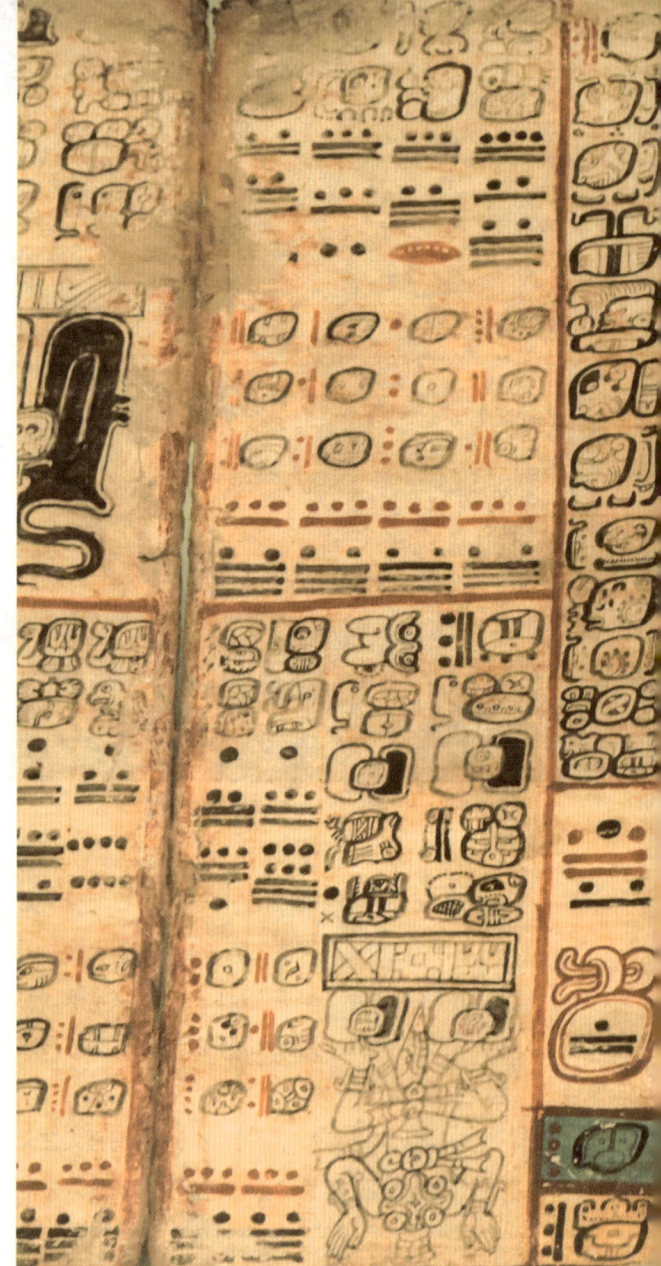

▲《德累斯顿手抄本》是现存的玛雅抄本之一，记录了用来追踪天体活动的天文表

自己看到的独特星座特征。他们将我们如今看到的猎户座绘制成海龟形状，双子座与他们所说的猫头鹰形状非常接近。

星座不仅被玛雅人描绘成各种形状，还影响了玛雅农业历法的形成。地球围绕太阳旋转，在四季变化间，不同的星座出现在特定的地方。这种变化预示着接下来的季节是更加温暖还是更为凉爽，玛雅人在种植食物时参考了这一点。星座

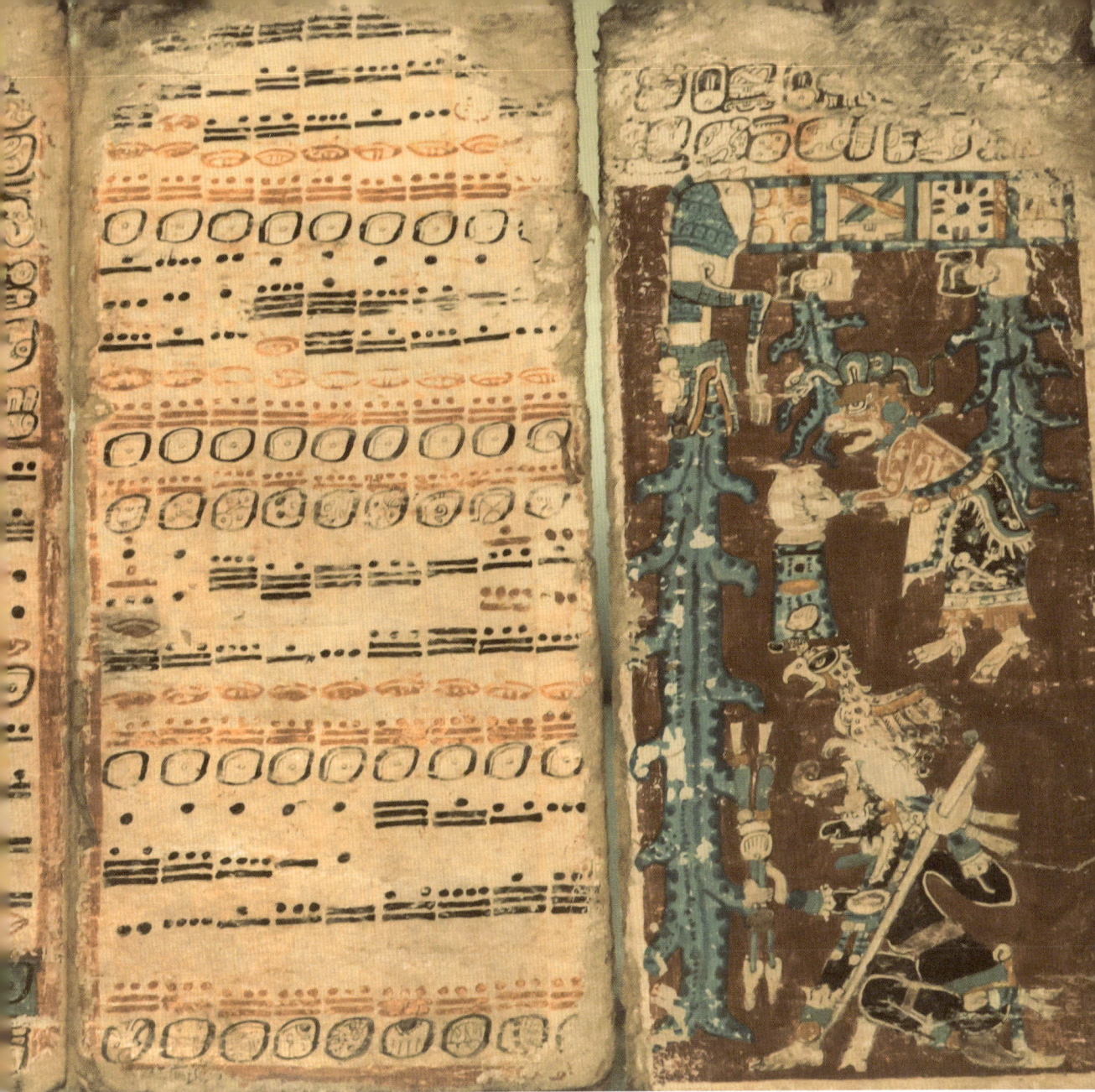

也被用作夜间赶路时的导航工具。

　　虽然玛雅人可能没有望远镜这样的观测工具，但他们有专门建造的天文台，其中有一个"椭圆形天文台①"（El Caracol），今天仍可以在奇琴伊察古城的遗迹中看到。乍一看，它与一些现代天文台很相似，是一个高耸的圆柱形塔，顶部为圆顶。椭圆形天文台建造于900年左右，学者们认为，在这里，人们可以通过其穹顶上精确设置的洞来观察天体领域，这些洞与他们最常研究的对象（如太阳和金星）的运行位置重合。与奇琴伊察古城的其他建筑物不

---

① "椭圆形天文台"：又名"蜗牛"，得名于圆形建筑内部螺旋状的石头阶梯。天文台是为掌管风和学习的羽蛇神而设，门设在可以观察春季昼夜平分点、月亮最大南北倾斜及其他天文现象的位置。玛雅人用太阳照射在门上在屋内形成的阴影来判断夏至与冬至的到来。在建筑的边缘放着很大的石头杯子，玛雅人在里面装上水并通过反射来观察星宿，以确定他们相当复杂且极为精确的日历系统。——译注

同，椭圆形天文台的入口面朝西北方 27.5 度，与金星在天空中最北的位置一致。此外，天文台东北角和西南角之间的对角线与夏至日出和冬至日落之处重合。

玛雅人对金星的喜爱也影响了玛雅建筑的其他方面。例如，乌斯马尔的总督府（the Governor's Palace，皇家住所）①就建在观赏"金星"的绝佳位置。

玛雅人对太阳、月亮和星星的了解意味着他们可以预测季节，而这些天体星象知识有助于玛雅人顺利开展农业耕种。玛雅在很大程度上是一个农业社会。多亏了详细的日历系统，大多数在田间劳作的人能够知道种植和收获不同作物的时间。玛雅人还创新了各种土地耕作方法，如梯田耕作（增加山坡上的可耕地面积）、台田耕作（在潮湿地区建立小岛屿土地）和刀耕火种耕作（用火山灰中的养分重新给过度使用的土地施肥）。

玛雅人在农业方面大获成功，但这也可能是玛雅衰落的部分原因。农业技术进步保证了粮食供应充足，促进了人口的增长，但反过来又导致粮食需求的进一步扩大和对土地的过度开发。依赖农业使玛雅人特别容易受到长期干旱的影响，历史学家认为这是玛雅衰落的原因之一。

与奥尔梅克文化和阿兹特克文化等其他中美洲文化一样，玛雅人最著名的科学成就之一就是能生产成分稳定的橡胶——这比查尔斯·古德伊尔（Charles Goodyear）发明著名的硫化工艺早了上千年。当地的橡胶树是玛雅人的圣物，为他们提供了大量的乳胶。玛雅人从橡胶树的树干上收获液体乳胶后，发现当乳胶与另一种植物（牵牛花藤）的汁液混合，乳胶不会自然风干变成干且脆的固体；相反，两者反应形成了一种

▲ 位于墨西哥奇琴伊察古城遗址的椭圆形天文台是世界上最古老的天文台之一

有弹性的材料。玛雅人用这种材料制作运动用的橡胶球。

玛雅人在进一步研究牵牛花时，发现了其另一种有用的特性。研究发现，牵牛花能使人产生幻觉。于是玛雅人在宗教仪式和治疗过程中使用牵牛花来使人意识模糊。玛雅人通常会摄入其他

---

① 乌斯马尔的总督府：乌斯马尔城位于尤卡坦半岛北部，是商业与政治的重地。在城内 15 米高的土丘上有一座长 100 米、高 8 米、宽 12 米气势磅礴的"总督府"，其被称为古代美洲最杰出的建筑佳作，其外墙上残留有马赛克装饰。但据考证总督未曾在此居住过。——译注

玛雅数学

发现世界上最具创新性的数字系统的运作原理

玛雅人如果不熟练掌握数学,就不可能如此精通天文学,也不可能发展出复杂的历法系统。在现有的中美洲数学系统的基础上,玛雅人发明了一种二十进制计数系统(a vigesimal counting system)[①],这是 20 进制,而不是我们今天使用的 10 进制。玛雅数字没有 1、2、3 这样的数字,其数字符号是由一系列点和水平线组成(见下图示例)。一个单独的点代表值 1,一条线代表值 5。例如,19 就是下面 3 条线加 4 个点,大于 19 的数字以 20 为权累进。

随着数量的增加,点和线被添加到更高的层,按顺序垂直增高 20(20^1)、400(20^2)、8000(20^3)、16000(20^4),等等。例如,429 就是最上排显示为 1 个点(代表 400),下一排显示为 1 个点(代表 20),再下一排显示为 4 个点(代表 4),最底排显示为 1 条线(代表 5)。就像我们写 429,400+20+9,玛雅人通过垂直组合数字符号来表现相同的逻辑。

人们还认为,中美洲文化最早发展出了零的概念,玛雅人在数字系统中把零表现为呈贝壳形状的符号。

强效致幻植物的提取物,有时甚至会使用灌肠仪式来使人达到恍惚状态。

玛雅医师创新了一些医疗方法。他们使用草药治疗常见的疾病,如脚气和消化问题。他们还使用汗液浴(类似于现代桑拿)来"净化"身体的杂质。此外,他们在外科手术方面的医学发展最令人惊讶。他们使用石膏来治愈骨折,植入黄铁矿填充牙齿,甚至用头发制成的缝线缝合较深的伤口。

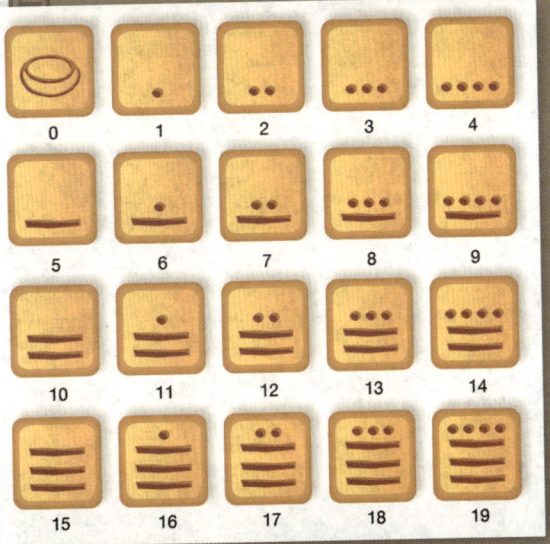

▲ 玛雅数字由点和线的组合表示

① 二十进制计数系统:美洲玛雅文明和阿兹特克文明使用的基数为 20 的记数系统。——译注

艺术和建筑

古玛雅文明已然消逝,但其创造性贡献永存

大卫·克鲁克斯

记录玛雅人的生活
壁画揭示了古代神话和玛雅人的日常活动

古玛雅人在许多建筑物上绘制了精美的壁画,创作出了当时前卫的艺术品,既吸人眼球,又反映了现实生活。大多数情况下,这些色彩鲜艳的壁画描绘了统治阶级的生活,通常突出描绘了神灵举行的仪式、王室生活图景和战争场面。考古学家已经发现了一些生动壁画。例如,在恰帕斯热带雨林的博南帕克遗址中,有三个房间内有展示着战争、祭祀、音乐、仪式和庆祝活动的生动多彩的壁画,时间可追溯到790年。危地马拉圣巴托罗金字塔内的壁画可以追溯到前古典时期晚期,展示了与玉米神有关的神话场景。

然而,2009年,考古学家在墨西哥卡拉克穆尔城勘探一座金字塔内部结构时,发现了描绘普通玛雅人日常工作的壁画。这是考古学家第一次在玛雅壁画中看到准备食物等日常生活景象。四年后,考古学家们在危地马拉的一个城镇抄写员工作场所的墙上发现了壁画——这是第一次在房子的墙上发现玛雅艺术。

这些玛雅壁画留存下来对我们而言是幸事。尽管那些用独特的玛雅蓝色颜料(16世纪之前一直使用)绘制的壁画没有随着时间的推移而褪色,但大多数玛雅壁画都被该地区恶劣潮湿的环境破坏了。

▼ 一幅9世纪的战斗壁画,发现于墨西哥特拉斯卡拉(Tlaxcala)州边境附近的卡卡斯特拉(Cacaxtla)考古遗址

很多壁画大多在玛雅建筑废墟中被发现,这幅壁画发现于墨西哥尤卡坦州玛雅潘区域内的前哥伦布时代玛雅遗址

令人眼前一亮的装扮

五颜六色，精心制作，玛雅纺织品凭此脱颖而出

所有的玛雅女性都会学习编织，但只有那些地位高的女性才会学习高超编织技艺来生产质量最为上乘的衣服。玛雅平民常用大麻纤维和树皮来织布，但贵族阶层会使用玛雅低地种植的优质棉花来织布，前一种原料呈天然棕色，后一种原料则更白。这些植物纤维经过清洗后被纺成线，染成鲜艳的颜色（其中玛雅蓝最负盛名），然后用背带织布机进行编织。背带织布机是一种原始的纺织手段，织布工用木棍、纱线进行纺布。

女人们会在棉织物中织出符号、形状和图像，会用棉布来制造宽松、类似于束腰外衣的裙子，玛雅人将其称为"huipils"。每件衣服的开口和下摆都会镶边，通常和裙子（corte）以及装饰腰带（faja）搭配。玛雅人的地位越高，其所穿服饰就越精致，这在贵族阶层的画像和雕塑中都有所体现。

▲ 现代玛雅人继续在市场上用背带织布机编织五颜六色的材料

石头上的艺术
纪念碑石雕是令人难以置信的艺术品

虽然玛雅木雕曾一度被认为很常见，但很少有玛雅木雕被留存至今日。持镜人雕像可以追溯到 1425 年前的古典时期早期，可能是保存最完好的雕像，但也有许多象征着神明和国王的木制雕像和许多由烧制的黏土、贝壳和骨头制成的雕像消失在时间长河中。

不过，保存下来的石雕数量要多得多。数量最多的是石柱——在玛雅地区发现的高大石板上雕有文字和雕刻。这些石柱起源于公元前 400 年，通常被放置在祭坛附近。艺术家负责制作石雕，大多石雕都会展示统治者，统治者会以神的形象出现。

雕塑家会以自然主义的方式来诠释他们的人类主题，有些人会在他们的作品上签名。他们会使用凿子、刀片和磨石等工具进行雕刻，有时雕刻之精细令人难以置信，整个雕刻的总长度可超过 10 米。墙板和门廊也可以用雕塑装饰，此类雕塑还因其上的装饰性玉石而闻名。

自然的皮肤
玛雅人的身体极富力量感和美感

文身在玛雅人中绝对不是禁忌。实际上，他们将文身和艾卡特神（Acat）[①]联系在一起，他们相信，把自己的身体装饰得越精致，他们看起来就会越漂亮，并且这会使他们受神灵庇佑并被赋予崇高地位。

如此一来，很多玛雅人非常乐意忍受文身的剧痛。完成文身的人会请艾卡特神为其文身的师傅和所使用的文身针、墨水祈福，其中祈福很重要的原因是有些人会在针刺入皮肤绘制图案的过程中感染而患上重病。

最受欢迎的文身大多极具象征性。这些文身图案往往是神、精神象征，如鹰、羽蛇和美洲虎等强大的动物。男性会等到结婚后才在全身和脸上文身，而女性则只在上半身文身，但胸部除外。

磨尖牙齿或在牙齿上装饰图案，以及在耳朵、嘴唇、鼻中隔和鼻子上穿孔，都很受玛雅人欢迎。这些方式再次彰显了一个人的社会地位，最富有的玛雅人会佩戴软玉、玉石和硬玉制成的珠宝。那些地位高的玛雅人也会试图强迫他们的婴儿变成斜视（斗鸡眼），并试图让他们孩子的额头变平。

▲ 古玛雅人以他们精致的身体艺术和珠宝而闻名，他们经常使用骨头或木头进行装饰

[①] 据说，艾卡特神能保佑墨水、文身针和工作空间并能稳定文身师的手，以获得更好的文身效果。——译注

痴迷陶器
造型各异的装饰陶器

2019 年，考古学家在墨西哥尤卡坦州的奇琴伊察古城遗址工作时，发现了大约 200 件陶器，其创造时间可以追溯到 1000 年左右。这些器皿保存完好，含 155 个火盆和香炉，上面雕刻着雨神恰克的形象。玛雅人喜欢将这些陶器制作得外形更加美观，因为器皿不仅可用作生活用具，也可用作装饰品和祭品。

陶工们使用当地的黏土手工制作陶器，常用火山灰进行调和。他们热衷于进行实验，于是制陶手艺不断精进，更能适应时代的变化，所制陶器的质量也不断提升。不断改变制陶温度，普通的陶器外观会获得更细腻的纹理。尽管有玛雅人试图通过制造四足陶碗、生产形状大小不一或绘有象征图案的陶器来吸引眼球，但他们也注重让陶器拥有优良比例、简洁外观和呈现不同风格。有些陶器内会含有小球，这样它们既可以用作餐具，也可以用作乐器。

被称为"tecomates"的球形容器一直很受欢迎（也为艺术创作提供了充足空间），目前还发现了许多动物形状的容器。陶器所有者对陶器的重视程度往往反映出其自身的地位——玛雅贵族阶层珍视陶器，并会将其作为礼物赠送给他人，或将其置于奢华宴会的中心位置。最好的陶器往往随主人一同下葬，这也是我们如今发现玛雅陶器的主要方式。

▲ 在古典时期早期，玛雅文明中很流行给装饰碗安上碗脚，这只碗可追溯到 200 年

▲ 一种圆柱形容器，表面可能描绘了 600 年至 900 年玛雅统治者生活中的特殊事件

▲ 位于奇琴伊察古城考古遗址的卡斯蒂略金字塔是杰出的玛雅建筑

建设标志性建筑
高耸的玛雅建筑经受住了时间的考验

玛雅建筑师技术高超，创造了辉煌的独立城邦，其中有令人印象深刻的高耸金字塔、大型宫殿、装饰讲究的庙宇、球场和住宅。这些建筑围绕一个中心广场无序排列，整体风格相似，但不同地区的建筑之间有一些细微的差异。

玛雅建筑具有重要的象征意义。例如，墨西哥尤卡坦州的卡斯蒂略金字塔，采用了人们熟悉的玛雅金字塔结构，方形的石头露台通向平坦的顶部，顶部之上建有寺庙。金字塔四边有 91 级台阶，加上平台，数量一共是 365，意味着 365 天，也就是玛雅人一年的天数。

在玛雅人的建筑设计中，这样巨大的楼梯和位于平台上的房间都很常见。房子的外墙也是如此，常被刷上各种颜色，装饰着精致的雕像、象形文字，以纪念国王和神灵。在科潘古城雕有象形文字的阶梯上，每一个台阶上就雕有 2200 多个象形文字，这可以追溯到 755 年。

大多数建筑线条呈直线而非曲线，建筑顶部通常会有一个支撑拱顶，就像一个倒置的楼梯，由单个顶石连接。有时，玛雅建筑也高耸入云：帕伦克宫殿金字塔的四层瞭望塔就是一个很好的例子——这座建筑也因其精美的浅浮雕而闻名。

玛雅文明落幕之际

147 玛雅王朝终结前的垂死挣扎
战争、和平和尤卡坦半岛的沦陷

157 战争传奇人物
探索为玛雅人而战的西班牙战士的生活及其影响力

167 西班牙人入侵
从大洋尽头乘船而来的西班牙人在美洲登陆,为玛雅带来了厄运

176 玛雅反抗失败
面对西班牙人的入侵,玛雅战士英勇顽抗,但难逃败局

186 玛雅社会落下帷幕
尽管西班牙人竭力消除玛雅文化,但坚韧的玛雅后代至今仍在保护玛雅遗产

192 探索玛雅世界
一同走进独特的玛雅文物展览,体验时光倒流

166

158

176

玛雅王朝终结前的垂死挣扎

尤卡坦半岛曾经是玛雅文明艺术和文化的发源地，此处的城邦将为他们的战争杀戮付出最终的代价

查尔斯·金杰

无论是斩首、挖心还是被箭无情刺穿，被俘的城邦领袖最终都要在各类仪式中结束生命。玛雅人曾被认为是一个好奇心强且善良的民族，他们在如今的北美洲和中美洲丛林中创造了令人惊讶的辉煌文明。玛雅人确实是一个迷人且拥有进步科学的民族，但他们其中的一些人也是无情杀手。从玛雅文明开始兴起到在战争的血色中落幕，在玛雅这片欣欣向荣的土地上，各城邦间开展了大大小小数次战争，冲突不断，政局不稳，玛雅文明最终走向崩溃。

侦察员检查突袭队前面的地形

玛雅的终极谜团仍然是：在玛雅文明统治了中美洲几个世纪后，为何突然从地球上消失。但更大的谜团或许是为何玛雅各城邦间的冲突不断升级。在玛雅几代人经历了劫掠、奴役和战争之后，为何暴力冲突突然升级，最终将一个当时仍欣欣向荣的玛雅社会推向毁灭的深渊？在后古典时期（900—1521），玛雅人的生活发生剧变，他们深陷血腥的城邦战争，无数城墙和庙宇在战争中毁于一旦，为了了解剧变发生的原因，我们有必要探究那些战争谋划者开展阶级斗争的深层原因。

毫无疑问，早在公元前1800年，自从玛雅人将如今危地马拉所在之地的大部分城邦汇集成一个大规模社会，玛雅人民就一直被城邦间的战争和袭击所困扰。在6世纪和7世纪，在尤卡坦半岛，两个敌对城邦卡拉克穆尔城和蒂卡尔城间爆发了战争，此类战争冲突的发生最终打破了两城在发动战争和农业发展间的微妙平衡。

在537年，总人口约5万、繁荣发展的卡拉克穆尔城联合卡拉科尔城向拥有9万人口的蒂卡尔城发动战争，蒂卡尔城损失惨重。

战争最终在572年结束，但是，这两座城邦之间的战争在650年再次爆发，持续了45年。显然，这一长期战争并未使玛雅人疲倦，另一场大战又于720年爆发，卡拉克穆尔、多斯皮拉斯和阿瓜特卡（Aguateca）等城邦最终崩溃。

▲ 这个精致的香炉是从玛雅潘城的遗址中找到的，其华丽的设计彰显了这座城市工匠的技艺

得克萨斯大学的学者琳达·舒勒（Linda Schele）博士表示，这些战争背后的动机尚不明确。"我们不清楚早期玛雅人发动战争是不是为了扩大领土，或是为获取战利品，亦或是控制被征服的群体以获得劳动力，还是以上原因都存在。"

然而，田纳西州纳什维尔范德比尔特大学的亚瑟·德马雷斯特（Arthur A Demarest）博士认为，毫无疑问的是，玛雅是"新大陆最暴力的州级社会，在公元600年之后更是如此"。玛雅石雕和其他艺术作品印证了这一先前备受争议的观点。这些作品描绘了被绑起来的俘虏被处决或被献祭的场面，这是玛雅渴望权力的贵族的常见做法。国王（从未出现过一个统治所有玛雅人的中央集权国家）通过在仪式中屠杀囚犯和在野蛮战斗中部署军队来展现自己的权力。

然而，尽管这些战争对参战城邦而言很可怕，但战争确实在一定程度上促进了当时的科技进步，在城内外大型防御建筑的建造方面尤其如此。玛雅人修建外墙和护墙主要是为了保护城中心，即公共建筑和贵族阶层住所所在之地。同心墙（concentric walls）是一大可怕发明，墙间的开放空间为"杀戮区"，任何入侵者都将在杀戮区遭遇铺天盖地的茅箭攻势。

在经历了850年到1000年的另一波流血战争之后，玛雅文明开始衰落。玛雅城邦依赖于玛雅农民小心利用城邦周围脆弱的生态系统进行耕种，愈演愈烈的城邦冲突最终使各城邦走上绝路。然而，在卡拉克穆尔等老牌城邦灭亡之后，一个新城邦——玛雅潘开始崛起。

据说玛雅潘城是在奇琴伊察古城崩溃后由一位名叫库库尔坎的统治者在12世纪末建立的。玛雅潘城——"玛雅的旗帜"——最终发展成为一个后古典时期最大的繁荣城邦。该城被9.1公里长的城墙所环绕，城墙高达2.5米，厚3.5米，很好地保护了居民区。墙上开了12扇门，允许城内居民（据估计有1.7万人住在城内）安全出入；一旦遭遇袭击，则可以迅速关闭城门。

为加强防御，玛雅人建立了护墙。内部走道可使城市的防御者（一种玛雅民兵）注意到有敌人靠近，并可大规模杀死入侵者。如果入侵部队设法突破了这些难以逾越的障碍，他们也会遇到迷宫街道，而只有熟悉这座城市的人才有希望成功穿行。

玛雅潘城的统治者为保护这座城市免受外部威胁做出了极大努力，在其他地方建了很多仓促的防御工事，这证明尤卡坦半岛战争频发，战况激烈。由于当时缺乏先进的围攻工具和只在春天开战等原因，战争围攻持续时间往往很短暂，在冲突不断升级的背景下，大规模修建城墙和防御大门是明智决定，从玛雅潘城的遗址中已经出土

▲ 正如2006年电影《启示录》（Apocalypto）中描述的那样，任何突袭的首要目标都是捕获敌城贵族

▲ 库库尔坎神庙和观测台位于玛雅潘城的中心广场

了开展相关防御工事的文物证据。

研究者发现，位于玛雅潘城中心的两座墓葬神庙里装满了男人、女人和孩子的骸骨，这是为了向神供奉，以赢得神的青睐或躲避自然灾害。城邦地下还发现了万人坑。生物考古数据表明，颅脑外伤在后古典时期晚期的玛雅人中很常见，男性头部外伤性质表明，与遭人突袭相比，这是公开战争中打斗所致。在玛雅潘城邦发现的玛雅人遗骸上的伤口表明，所使用的武器是带有小尖头的棍棒，可见那时的战斗是肉搏战。

出土的玛雅家用工具支持了当时战争频发的观点。在玛雅潘城内玛雅家庭发现的文物中，近30%是射弹或刀，所有这些都表明，民众战争准备充分、装备精良。

人们很容易认为尤卡坦半岛的玛雅人是因为食物短缺等外部压力而被迫开战，但研究表明，尽管发生了大范围的战争屠杀，居住在玛雅潘城及其附近的玛雅人的饮食结构仍然相当稳定。发

玛雅的军事机器

为了发动战争，玛雅统治者需要精锐部队和精巧武器

就像大多数古代文明一样，只有那些能够从对手手中夺取权力并通过武力维持统治的人才能一直拥有统治的权力。玛雅人按照弱肉强食的丛林法则生存——并常常以可怕的方式死去。玛雅统治者严重依赖精英战士和雇佣兵高效备战。

军事行动仅在春季开展，由于需要补给军队或突袭部队，军队通常不会冒险离开家乡超过两周，物资常由搬运工搬运。即使战斗季节短暂，士兵们仍然需要一系列武器和其他工具来成功执行统治者的命令。

和其他行业一样，玛雅人在制造武器时发挥了他们的聪明才智。首选武器为长矛，普通士兵使用燧石或燧石尖，精锐部队则使用致命的黑曜石制成的武器。阿兹特克黑曜石锯剑（macuahuitl）[1]是一种带有锋利边缘的棍棒，在肉搏战中也会被使用。在肉搏战中，战士也会使用兽皮或木制盾牌来防御。其他武器包括吹枪、标枪、投石器和装满黄蜂的"手榴弹"。

战场上，玛雅战士身穿一种原始防弹衣——厚棉质衬衫内塞满岩盐，也常佩戴玉石首饰、兽皮和精致头饰。

▲ 阿兹特克黑曜石锯剑的黑曜石刀片锋利到足以斩首一名敌军士兵

---

[1] 黑曜石锯剑：中美洲阿兹特克美洲虎战士的专用兵器，用黑曜石打造而成，刀刃极其锋利，作战时的杀伤力非常大。——译注

动战争似乎不是为了满足基本食物需求，而只是为了摧毁敌对国家。

俘虏敌国贵族、奴役敌国人民、夺取敌国土地似乎是玛雅历史中固有的一部分，考虑到每个城邦都由一个国王统治，他的臣民将他视为半神，这就不足为奇了。这种君权神授的理念使精英阶层之间冲突不可避免，他们不顾一切地将自己所谓的神圣意志强加于人。因其战士的聪明才智和勇气而取胜者通过在隆重仪式中处死战败的敌国人民来展示自己的权力。然而，将战争全部视为贵族之间的一种仪式性决斗并不准确，有时开战是出于必要。

在尤卡坦半岛发动的战争使许多玛雅人流离失所，难民在未被消灭的城邦中寻求庇护、努力谋生。随着需要供养的人口增多，农田里的农民竞相耕种足够的食物，最终形成了灾难性的耕作方式。一旦食物供应不足，骚乱很快就随之而来。

在该地区，保护盟邦之间的贸易联系和重要的经济资源是袭击和掠夺如此普遍的另一个原因。以玛雅潘城为例，这些资源包括可可种植园，因为可可被视为一种有价值的商品。在后古典时期，如果一个城邦的盟友崩溃，其商业也会崩溃，所有幸存的城邦都是如此。这意味着很有必要保护贸易的长期安全，特别是玛雅潘城成功建立的贸易路线。

大量考古证据表明，玛雅潘城有着广泛的商品贸易往来，其中包括玉米、盐、可可、布料甚至鸟类。在位于危地马拉北部的萨克佩滕（Zacpeten）城，其商品和建筑与玛雅潘城的商品和建筑相似，这表明两城之间有紧密的贸易往来。危地马拉高地的乌塔特兰（Utatlán）城也是如此，其建筑者再次表现出与玛雅潘城建筑者相似的建筑偏好。甚至有人认为该城内居民与墨西哥中部的阿兹特克人有过接触——在一座城内神庙的墙上发现了阿兹特克神的雕刻。

在这片满是破败城邦的土地上，玛雅潘城成了唯一的希望支柱，该城特征显著。库库尔坎神庙是为纪念同名的羽蛇神而建的，呈令人惊叹的金字塔结构，有四个楼梯和九个露台。

观测台也坐落在中央广场上。一个圆形的石塔建在一个凸起的平台上，可沿楼梯进入，用来观看天空。作为天文学家，玛雅人对行星运行特别感兴趣，认为行星是往返于地球和冥界之间的神。在天文台和库库尔坎神庙的同一地点坐落着彩绘壁龛神庙（Temple of Painted Niches），庙中有五幅精心绘制的神庙壁画和五个作为入口的壁龛。这些遗迹，连同城市的其他文化遗址和精心设计的防御工事，突出了玛雅潘城在越发动荡不安的时代，作为经济、政治和

埃可巴兰姆（Ek'Balam）的古城墙遗迹证明了该城防御坚固

宗教中心的重要性。然而，尽管玛雅潘城发明了很多先进科技，也不能永远经受住战争的摧残。

玛雅城市等级森严，国王统治着贵族、平民、农民和奴隶，奴隶是战争中抓获的俘虏。尽管玛雅各城邦统治者之间存在分歧，但他们也不至于愚蠢到认为自己的城邦强大到足以应付所有来犯者，于是城邦之间经常联盟。伊察人、图图尔·休（Tutul Xiu）家族领袖和玛雅潘城以及乌斯马尔城之间达成了一个协议，形成了后来被称为玛雅潘联盟的城邦网络，由图图尔·休家族领袖梅卡特（Ah Mekat）在987年建立。

在某个时期，一个被称为"木鸽"的科科姆家族（the Cocom）和一个被讽刺地称为"美德溢溢"的修家族（the Xiu）决定共同统治玛雅潘城。敌对派系的存在在很长一段时间内压制了两大家族的欲望，但两大家族的治理方式仍

后古典时期的政治

玛雅世界的政治等级制度

城邦国王（Halach Uinik）

城邦的最高统治者，这些国王的继承者都是他们的儿子或由皇家议会精心挑选的候选人。城邦议会是少数几个有能力限制国王权力的机构之一。

军政顾问（Nacom）

每三年选举一名军政顾问，主要为他们的首领提供军事意见，为未来的战役制定军事战略，并召集全城人民参战。

大祭司（High Priest）

后来，祭司的建议很少影响战争。玛雅社会中大祭司的任务是预测未来的事件和辨别神的意志。只有最鲁莽的国王才敢忽视不祥的预兆。

城邦军事首领（Batab）

他们负责为战争派送当地士兵，并确保他们拥有足够的装备和充分的战斗训练。军事首领还必须向最大的统治者进贡。

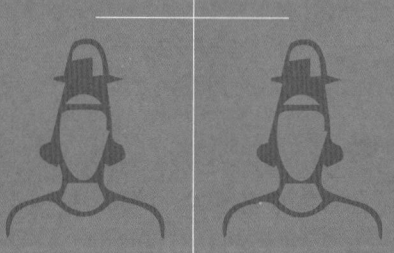

城邦助理（Al Kuleboob）

他们是城邦军事首领的助手，负责各种政府和行政职责。

城邦议员（Cuch Cabob）

他们负责玛雅城镇的各个分支机构。

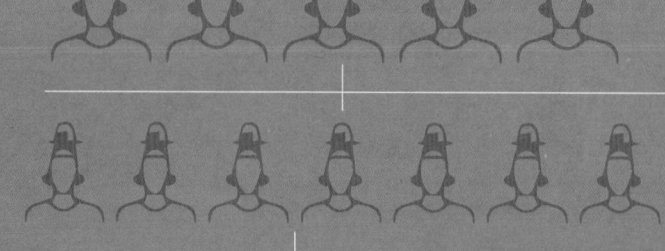

城邦维序者（Tuplies）

他们类似古代的警察，通过维护法律和秩序来为城邦军事首领服务。

▲ 在科潘城遗址中发现了一个令人难忘的头骨石雕。许多玛雅建筑都有象征死亡的装饰

十分残酷——通奸和非法侵入的罪行将受到严惩，其中包括焚烧、开膛破肚等一系列惩罚手段。然而，在玛雅潘城灭亡前的最后半个世纪里，饥荒、疾病和广泛的城邦冲突加剧了这两大家族间的矛盾。万人坑、被毁的建筑以及科科姆家族从尤卡坦半岛北部卡努尔的库奇卡巴尔（Kuchkabal）雇用雇佣兵的事实，都证明了 14 世纪末和 15 世纪初玛雅潘城及其周边地区的生活动荡不安。

也许纯粹为了统治城邦，也可能是迫于环境压力，修家族贵族在 1441 年策划了一个消灭科科姆的计划。科科姆家族成员都没有意识到这场阴谋，除了一人之外，全部死在了这一计划下。这名幸存的科科姆族人很幸运，在屠杀发生之时身处洪都拉斯。

对联盟的其他成员来说，突然屠杀这个强大家族是一个极具诱惑力的机会，一场席卷半岛的内战随之而来。一些研究表明，修家族召集了一支军队，成功摧毁了玛雅潘城的城墙。

无论这场冲突的真正原因是什么，其结果毋庸置疑。到 1461 年，玛雅潘联盟已经瓦解，其反叛方分裂成 17 个独立城邦（Kuchkabal）。玛雅潘城邦，一个曾经伟大且富有的城市，被遗弃在周围的丛林中，其城民或死于战争或逃离玛雅潘城去寻找新的家园。

修家族和科科姆家族最终并没有夺权成功，而是被迫撤退到尤卡坦半岛茂密的森林里，在那里他们各自统治着一个小城邦，直到一个比任何玛雅城邦都更可怕的威胁从大洋彼岸到来——西班牙人登陆美洲。

战争传奇人物

一位为玛雅而战的西班牙人的传奇人生

爱德华多·阿尔伯特（Edoardo Albert）

阿库马尔海滩附近有一座雕像，距离旅游胜地坎昆市80公里。雕像是一名肌肉发达的男子，蓄着胡须，头发顶部扎成一个结，左手拿长矛，右手弯曲护着身边小男孩儿的头。男子身后坐着一名女子，正在给婴儿喂奶，第三个孩子坐在他们旁边，玩着一个被遗弃的头盔（头盔是西班牙入侵者常戴的宽帽檐头盔），男人正在保护他们。

这座雕像展现了男人身上的矛盾之处和围绕他展开的故事。这名男子乘坐的西班牙船只在墨西哥尤卡坦半岛失事，之后被玛雅人捕获，最后融入了玛雅社会。他学会了玛雅人的语言，娶的妻子也是玛雅人，生下了美洲最早的三个混血儿（西班牙人和美洲印第安人的混血儿）。后来为了保卫他的新家园，他拿起武器反抗他昔日的同胞西班牙人。他就是西班牙人冈

◀ 雕刻家劳尔·阿亚拉·埃雷拉诺（Raúl Ayala Arellano）想象的冈萨洛·格雷罗和他的妻子及孩子

▲ 这是对玛雅战士模样的现代诠释

萨洛·格雷罗（Gonzalo Guerrero）。雕像上被丢弃的头盔暗示了故事背后的艰辛。虽然宽帽檐头盔已经成为入侵者的标志性头盔，但实际上西班牙入侵阿兹特克帝国的科尔特斯带领的士兵或入侵印加帝国的法兰西斯克·皮泽洛（Francisco Pizarro）带领的士兵从未戴过这类头盔。

如今我们无法确定冈萨洛的故事有多少真实性，他本人没有留下任何历史记录，只有另一个西班牙人亲口证实了他的存在。玛雅人也没有留下任何有西班牙人生活在他们中间的记录，但他们当时可能是忙着击退入侵者，无暇记载。后来的历史学家对冈萨洛的描述也是如此，事实上，一些历史学家甚至称冈萨洛本人并不存在。但另

▲ 重现玛雅文明鼎盛时期的玛雅神庙

一方面,西班牙花了 20 多年才征服玛雅,而之前科尔特斯率领军队仅仅用了两年半的时间就消灭了阿兹特克,这也许能有力论证冈萨洛的存在。因此,史学家给冈萨洛起了格雷罗这个姓氏,翻译过来就是"勇士"。但是,在文化冲突中,事实可能比冈萨洛的故事更加离奇。

史学家们对冈萨洛的出生地存在分歧,但他们一致认为冈萨洛来自西班牙南部的安达鲁西亚(Andalucia)邻近的帕洛斯,达成一致的关键原因是该镇位于西班牙面向大西洋的海岸。

发现新大陆的水手和发现绕过好望角进入印度洋航线的水手都是从西班牙和葡萄牙沿大西洋海岸的港口出发,他们都很熟悉汹涌澎湃的大海。1492 年 8 月 3 日黎明时分,一支由三艘船组成的小型船队从帕洛斯出发,希望找到向西前往印度群岛的航线。克里斯托弗·哥伦布发现的是一个新大陆,欧洲(以及世界上大多数其他地方)深信这一点。这一消息引起了轰动——在 1493 年至 1500 年,哥伦布所写的《哥伦布航海日记》(Columbus' Letter on His First Voyage)①共出过 19 版。此后,世界突然变得越来越广阔,人们对新远景的想象力飙升,哥伦布在书中有意提到这个新世界藏有宝藏,这激起了人们对黄金的欲望。

书中除了写到黄金,还记载了有关骑士精神、冒险、英雄主义和探险的故事,讲述了传奇人物埃尔西德(El Cid)的故事,或完全虚构的人物——绿剑骑士阿玛迪斯(Amadis)的故事。阿玛迪斯是广受欢迎的传奇小说《高卢的阿

---

① 《哥伦布航海日记》:本书主要讲述了哥伦布一行首次西航的经历,包括帆船的构造、航行的风向、里程,遇到的奇人异事等,展现了新大陆的旖旎风光及当地印第安人的热情淳朴。——译注

▲ 玛雅神庙的壁画，展示了海边村庄的生活

玛迪斯》（*Amadis de Gaula*）①中的英雄，是基督教骑士的典范，是一位彬彬有礼、保护妇女和儿童的勇士。后来塞万提斯（Cervantes）根据这些传奇故事写就了《堂吉诃德》（*Don Quixote*）②，塑造了征服者的形象。冈萨洛应该是听着这些故事长大的，这些故事激发了他的想象力，激励他乘坐一艘从帕洛斯出发的大帆船去勇敢面对广阔未知的海洋。在 1506 年到 1518 年，大约有 200 艘船从大西洋的安达鲁西亚港口驶向新世界。冒险、骑士精神和财富的梦想激励着船员，其中包括年轻的古斯塔沃（Gustavo）。

1510 年，古斯塔沃到达了美洲大陆的达连（Darién）省，1509 年 9 月，他很可能与离开桑卢卡尔（Sanlúcar）的探险队一起出海航行，旅费是 11 个金币，也是一年的工资。假设古斯塔沃有航海技能，他的工作可能就是航海员。达连省是西班牙入侵者在玛雅大陆建立殖民地的第一次尝试，以完败告终。欧洲人并不适应丛林中的气候和昆虫，因此他们遗弃了殖民地，搬到一个前景更好且名字相同的地方。由瓦斯科·努涅斯·德·巴尔博亚（Vasco Núñez de Balboa）率领的探险队从该地出发，穿越巴拿马地峡，成为第一批看到太平洋的欧洲人，英国诗人约翰·济慈（John Keats）的诗中写道："在达连的一个山顶上，他们彼此对视，带着疯狂的猜想，沉默着。"1512 年 1 月 13 日，一艘船从达连出发，驶往伊斯帕尼奥拉

---

① 《高卢的阿玛迪斯》：一部著名的骑士文学浪漫故事，最初完成于西班牙或葡萄牙，很可能是作者根据法国原本创作而成。——译注
② 《堂吉诃德》：西班牙作家塞万提斯·萨维德拉于 1605 年和 1615 年分两部分出版的长篇反骑士小说。——译注

（Hispaniola，加勒比岛屿，包括如今的海地和多米尼加共和国）。船上有古斯塔沃和一位名叫赫罗尼莫·德·阿吉拉尔（Gerónimo de Aguilar）的方济各会修士。但是这艘船始终没有到达目的地，7年后，关于乘客和船员命运的消息才传到西班牙。

在阿兹特克帝国的征服者科尔特斯开始他的探险之前，他的船只停泊在尤卡坦半岛岸边上，他听到传言说，有西班牙人住在此地。他派遣当地善于奔跑的玛雅人进入丛林，放消息要这些西班牙人在6天内来加入他的航海队，但无人应约，于是科尔特斯出发了。然而，之后发生的一系列事件使他实际出发的时间被推迟了，直到最后离开那天，他看到一个独木舟，上面有4个玛雅人打扮的人划船向他们快速靠近。他们派人去截住独木舟，其中一人走上前问道："先生们，你们是基督徒吗？"当他们回答说他们是西班牙人时，提问者跪倒在地，举起双手祈祷并表示感谢。

这个人就是阿吉拉尔。在科尔特斯看来，他完全就是本地人的打扮，没有胡子，只穿着一件腰布和一件斗篷。阿吉拉尔用生疏的西班牙语讲述了他所坐船只沉船的悲惨故事。当时，在暗礁上搁浅的20名西班牙幸存者上了一艘船，但由于没有帆、食物和水，有些人很快就死了。剩下的人漂流了两个星期，最后被浪冲到尤卡坦半岛的岸上，但他们遭到了当地人的攻击。当地人抓获了瘦弱的幸存者，其中4人很快被杀。剩下的7个人吃得很好，但他们怀疑自己是在被养肥来为将来的盛宴做准备，所以他们逃到了另一个部落。然而，该部落酋长阿金·卡兹（Ah-kin Cuz）称，只要西班牙人成为他的奴隶就饶他们一命。相较之前，这个提议已经很不错了。剩下的西班牙人一个接一个地死去，只有阿吉拉尔和

新世界的食物
美洲人改变了世界其他地区的饮食习惯

冈萨洛喂养孩子的食物完全不同于欧洲人的正常饮食。事实上，美洲的物种与欧洲的差异相当大，西班牙殖民者在统治玛雅的几十年内，竭尽全力在他们新的南美家园种植欧洲的主要作物，但收获甚少。

只是由于自己种植的作物收成不好，饱受饥饿威胁，西班牙定居者才愿意尝试当地人吃的食物。这彻底改变了世界其他地方的饮食。一份在16世纪之前不为其他地区的人所知的美洲食物清单中，包括了西红柿、土豆、南瓜、甜辣椒、小胡瓜、木薯、鳄梨、木瓜、玉米、红薯和巧克力等食物。这些食物在我们今天的饮食中无处不在，这说明发现新大陆给我们的生活带来了一些变化。

▼一些来自美洲的食物改变了世界其他地方的饮食习惯

另一个他称为冈萨洛的人还活着。阿吉拉尔成了他主人信得过的奴隶,而冈萨洛则被卖给了另一个土著酋长。

当科尔特斯的信传到阿吉拉尔手中后,阿吉拉尔请求部落酋长允许他去冈萨洛的住处,在那里冈萨洛读到了这封信,但冈萨洛拒绝了他同返西班牙的提议,这使他大感意外。冈萨洛告诉阿吉拉尔,他已经结婚并且生了三个孩子。更重要的是,冈萨洛已经在玛雅社会中崛起,成为部落酋长和战争领袖。冈萨洛甚至指着他脸上的文身和垂在耳朵和鼻子上的环状吊坠说:"像我这样的人怎么可能再被西班牙人接受呢?"史学家说,阿吉拉尔尽了最大努力说服冈萨洛和自己一起回去,但冈萨洛很坚决地表示,他现在应该和玛雅人在一起。

据我们所知,冈萨洛所做的选择不同寻常。如今并没有有关西班牙人放弃自己的文化、宗教和语言,并接受西班牙人忙于征服的土著民族的文化、宗教和语言这一事实的记录。阿吉拉尔称,冈萨洛不仅融入了当地的生活,还领导他所在地区的玛雅人抵抗西班牙人的进攻。

但为什么冈萨洛拒绝回到西班牙同胞身边呢?显然,并非文身和耳环让他与众不同,他的妻子和孩子才是他留下来的主要原因。但也有可能是因为蓬勃的野心。在西班牙人中,冈萨洛出身卑微;但在玛雅人中,冈萨洛已经成为一个重要人物——一个战争领袖和部落酋长。事实上,他的地位已然很高,以至于他所娶之人是原酋长的女儿。他们生下的孩子成为墨西哥第一批混血儿。

至于阿吉拉尔,他设法保存了他的祈祷书(僧侣和修士每天祈祷时使用的祈祷书),这是能证明他旧身份的物品。但当阿吉拉尔与科尔特

▲ 位于科苏梅尔岛的尤卡坦半岛海岸,远处可见玛雅金字塔

斯一起出海,为征服阿兹特克帝国出力时,他的离开也终结了对冈萨洛生平的直接记录。随着他的离开,除开故事结局,我们只能推测冈萨洛之后的经历。

在接下来的十年里,阿兹特克帝国难以想象的财富吸引了西班牙人。冈萨洛是当时尤卡坦半岛上唯一的西班牙人,若他之后能继续抚养孩子,大概还能在玛雅社会中获得更高的地位。然后,在1526年12月,科尔特斯的一名船长弗朗西斯科·德·蒙特霍获得了征服和殖民尤卡坦

半岛的特殊任务。但蒙特霍发现征服玛雅社会要比科尔特斯击败阿兹特克帝国困难得多。首先，曾经在文明程度和人口上与阿兹特克相媲美的玛雅文明，在几个世纪前就神秘地衰落了，城市被遗弃在丛林中，人们回归了农村的生活方式。因此，统治者不是一个，而是一大批，各部落酋长各自独立，需要逐一击败。另外，玛雅战士斗志昂扬，坚信西班牙人和他们一样也可以被杀死。

蒙特霍为他的远征做了充分的准备：4 艘船，船上载有 400 名士兵、50 名骑兵、大炮和其他武器。蒙特霍于 1527 年 6 月启航，在尤卡坦半岛海岸的谢尔哈（Xelha）村建立了一个定居点，但他们惨遭疾病折磨，最后只有 100 人活下来。蒙特霍从一些当地人那里得知，玛雅人中住着一个西班牙人——冈萨洛。于是为了寻找更好的定居点，蒙特霍给冈萨洛写了一封信，表示如果冈萨洛愿意回到他身边帮助他，就给冈萨洛一个更高的职位。根据编年史记载，冈萨洛用木炭在蒙特霍来信的背面写了一封回信。编年史中称，回信中所用语言，对于一个出身底层、12 年没有

玛雅王朝的灭亡

玛雅文明到底发生了什么仍然是个谜

冈萨洛在 16 世纪的前几十年里无意中进入的玛雅世界与鼎盛时期的玛雅世界截然不同。巨大的阶梯式金字塔,以及为建造它们提供劳动力的城邦,在几个世纪前就被遗弃了,最后一个有记载的国王——玉天(Jade Sky),可以追溯到 9 世纪初。

玛雅文明的崩溃不是在一夜之间发生的,而是在一两个世纪里从中美洲向北一直蔓延到尤卡坦半岛。玛雅灭亡的原因众说纷纭,其中包括干旱、环境退化、疾病、气候变化和由于对国王失去信心而导致的社会解体,但对于究竟是什么原因直接导致了玛雅灭亡,却没有一致定论。

不管原因是什么,复杂、高度形式化的玛雅文明结束了。玛雅城市、神庙被遗弃在不断蔓延的丛林中。玛雅人回到了荒野,把他们曾经辉煌一时的文明遗迹留给了蓝花楹和夹竹桃。

▲ 1947 年一张航拍照片中,一处被遗弃的玛雅城市遗址

说母语的西班牙人来说，用词已经出奇讲究，但信的内容很明确：冈萨洛不会再回到西班牙了。

事实上，西班牙人和他们的史学家开始相信冈萨洛在指挥玛雅人抵抗西班牙入侵时发挥了很大作用。在此之前，玛雅土著军队的战术敏锐度并不比正面冲锋的西班牙人强，但玛雅人在对抗西班牙人的战争中却采用了欺骗、伪装和伏击的作战策略。玛雅人曾用一个特别狡猾的策略将蒙特霍派出的一支探险队骗回了基地——这支探险队被看似值得信任的当地人告知，蒙特霍已经死了，所以他们必须返回基地。玛雅人在其他新战术中，挖了不少暗坑，这使西班牙战马丧失了战斗力。面对层出不穷的策略、战争和疾病造成的人员伤亡，蒙特霍除了撤退和重获补给之外别无选择。1531年，他开始第二次征服尤卡坦半岛，还是以惨败结束，西班牙人只能征用当地的独木舟逃命。到1535年，除了一些流浪的方济各会修士外，冈萨洛再次成为尤卡坦半岛上唯一的西班牙人。西班牙侵略者于1543年重返玛雅社会，发动了一场极其残暴的战争，促使方济各会修士写信给西班牙法庭抗议他们的行为，但几乎没有迹象表明他们抗议成功过。在此期间，冈萨洛经历了什么事？

根据入侵者佩德罗·德·阿尔瓦拉多（Pedro de Alvarado）的证词所称，冈萨洛是被火绳枪射出的子弹击中的，但并不是发生在尤卡坦半岛。阿尔瓦拉多的任务是征服今天的洪都拉斯地区，在决战之后，西班牙人在死者中发现了一个文身的西班牙人，阿尔瓦拉多确认死者是西班牙人冈萨洛·格雷罗。然而，洪都拉斯距离尤卡坦半岛很远，要穿过洪都拉斯湾。阿尔瓦拉多在信中说，在蒙特霍征服尤卡坦半岛的企图失败后，这位西班牙叛徒带领一支由50艘玛雅独木舟组成的舰队南下到洪都拉斯去帮助那里的印第安人，结果却碰上阿尔瓦拉多率领的士兵，在双方交战中死去。

大多数历史学家认为，西班牙人在死者中发现的尸体确实是冈萨洛·格雷罗。如果是这样的话，冈萨洛于1536年6月去世，当时他大约50岁。此外，没有任何关于他妻儿命运的记录。然而，尤卡坦半岛的玛雅人对西班牙人的侵略进行了长期艰苦的斗争，西班牙人在大洋彼岸发现了一个也参与了这一长期斗争的新民族，他们很可能就是冈萨洛的后裔。

▲ 这是玛雅文明全盛时期（600年至900年）的陶制雕像

西班牙人入侵

西班牙人的到来打破了美洲的权力平衡，彻底改变了当地传统的生活方式

詹姆斯·普莱斯（James Price）

在洪都拉斯湾一座岛屿的海岸边，25 名桨手正推动一艘由树干制成的大独木舟在海上前行，船上的棕榈叶遮阳篷为里面的妇女和儿童提供了庇护，而独木舟的其余部分则装满了商品。舟上的人很快就看到一艘大木船向他们驶来，疾风吹鼓了风帆，推动木船快速前进。大船上的船员满怀阴谋和对商品的贪婪驶向独木舟。白皮肤、留着大胡子的西班牙人站在木船高处俯视着独木舟，他们在好奇心的驱使下很快登上了独木舟，抢走了许多财物，甚至在独木舟离开之前强行把船长带回了他们船上。

这是目前所知的玛雅人和西班牙人的第一次会面，发生在克里斯托弗·哥伦布第四次美洲之旅期间。1492 年，哥伦布第一次航行到达了加勒比海，他在之后的航行中发现了越来越多的广袤大陆，欧洲人这才知道这片大陆的存在，这让截然不同的玛雅世界和欧洲世界发生了碰撞，永远改变了玛雅人的命运。玛雅人和西班牙人的第一次接触在很多方面揭示了西班牙人对新世界的态度——好奇，尤其是对当地的贵重物品极其感兴趣，完全无视这些贵重物品和财富的原有者。

不可避免的战争和冲突

哥伦布发现新大陆后描述了其所见所闻，其中新大陆藏有财富的荒诞故事驱使一大批人涌向大洋彼岸。然而，许多人在克服重重艰难穿越汹涌海洋、历经颠沛旅程到达新大陆后，面对的却是贫穷和疾病。

从古巴、伊斯帕尼奥拉岛和其他被殖民的岛屿的早期基地出发，西班牙人组成了一支探险队，继续探索中南美洲的海岸，去寻找黄金和白银。他们不可避免地去到了尤卡坦半岛海岸，并与生活在那里的玛雅人建立了越来越密切的联系。

1517 年，在弗朗西斯科·埃尔南德斯·德·科尔多瓦（Francisco Hernández de Córdoba）领导的一次探险途中，玛雅人和西

▲ 西班牙人的武器使他们在战斗中极具优势。这里描绘的是西班牙探险家瓦斯科·努涅斯·德·巴尔博亚

如果没有数以百计的非洲奴隶和自由人，西班牙征服者就只有几十人。

班牙人发生了冲突。科尔多瓦被派遣带领一支舰队去探索海岸线，当时尽管有哥伦布的探险，但海岸线几乎还是未知的。贝尔纳尔·迪亚斯·德尔·卡斯蒂略（Bernal Díaz del Castillo）是一名斗志昂扬的船员，他后来记录了西班牙入侵的大部分过程。他兴奋地说："我们在离开古巴后的第21天看到了陆地，这使每个人的心中充满了喜悦和对上帝的感谢。以前从未有人发现过这个国家，也没有人听说过它。"

这些西班牙人在海岸边遇到几艘独木舟，并被邀请上岸。但这种看似友好的欢迎其实是一种计谋，这些新来的西班牙人在从船上爬下来的时候遭到了玛雅人的伏击。西班牙人击退了玛雅人后，再次出发。虽然与接下来发生的事情相比，这只是一场小规模的冲突，但这一插曲后，双方不再互相信任，玛雅人和西班牙人之间的关系进一步恶化。

科尔多瓦的探险队在几周后遇到了更大的麻烦。再次上岸后，他们遭到了大批玛雅军队的包围和攻击。玛雅人熟悉地形，占有优势。据卡斯蒂略称，玛雅人很危险，他们穿着"一种棉制铁甲，手持长矛、盾牌、弓和投石器；每个人头上都插着一簇羽毛。他们一放箭，就冲上来，一对一地对付我们。他们双手拿着长矛，疯狂进攻"。50多名西班牙人被杀，幸存者逃到船上，跛着腿回到了古巴。

1518年，在胡安·德·格里哈尔瓦（Juan de Grijalva）的指挥下，第二次远征也接触到了沿海的多个玛雅城邦。显然，西班牙人短期内不会独自离开海岸。

▲ 埃尔南·科尔特斯积极扩大西班牙的统治范围，他派遣手下军官建立殖民地，征服玛雅的土地

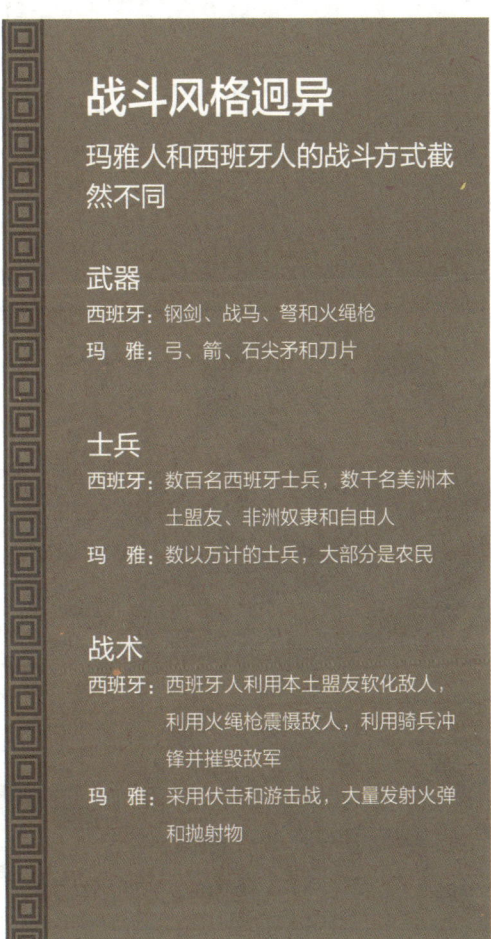

战斗风格迥异

玛雅人和西班牙人的战斗方式截然不同

武器
西班牙：钢剑、战马、弩和火绳枪
玛　雅：弓、箭、石尖矛和刀片

士兵
西班牙：数百名西班牙士兵，数千名美洲本土盟友、非洲奴隶和自由人
玛　雅：数以万计的士兵，大部分是农民

战术
西班牙：西班牙人利用本土盟友软化敌人，利用火绳枪震慑敌人，利用骑兵冲锋并摧毁敌军
玛　雅：采用伏击和游击战，大量发射火弹和抛射物

疾病的传播
西班牙人无意间把旧世界的疾病带到了新世界

当西班牙人到达新大陆的海岸时,他们远离了船上最危险的乘客。因为在他们船只的残骸中,潜伏着一种看不见的威胁——疾病。

美洲与世界其他地方隔绝了数万年,从来没有接触过其他大陆上流行的各种疾病。其中一个致命威胁就是天花,天花会引起发烧和全身起严重的水疱。一般来说,天花的致死率达30%,而当病毒在玛雅人中传播时,死亡率高达60%。方济各会修士莫托利尼亚(Motolinia)描述了这场灾难。

"由于印第安人不知道这种疾病的治疗方法,患者成批死去。在许多地方,整户人都死了,因为死人太多,无处安葬,就拆掉房子盖住他们,他们的家就成了他们的坟墓。"

天花的肆虐削弱了当地人的抵抗能力,也给他们造成了巨大的心理影响。看到西班牙人毫发无损,而他们的出现却带来了大量死亡,这让许多玛雅人相信这是一种神圣的毁灭行为,或者西班牙人拥有未知的力量。如果天花没有流行,西班牙人征服的结果可能会大不相同。

谁是入侵者

1519年,另一支西班牙探险队从古巴起航,而这支探险队永远改变了美洲人的生活。埃尔南·科尔特斯率领11艘船出发了,随行约600名西班牙人、16匹马,以及从加勒比海带来的土著人、数量不详的非洲奴隶和自由人。这是一支强大、装备精良的部队。科尔特斯在尤卡坦半岛海岸的科苏梅尔停留,然后在塔巴斯科海岸停留,展示了现代欧洲军队的全盛力量。

新大陆的西班牙探险者通常被称为"征服者",他们带来了美洲大陆上没有的技术。西班牙人拥有精良的钢铁武器、铁盔甲和坚固的盾牌即大盾。虽然钢甲并没那么重要——西班牙人通常选择使用当地人的棉质盔甲,因为其材质更轻且高效——但钢剑坚硬,不易钝化,这使西班牙人在战斗中占很大优势。西班牙人还带来了威力强大的弩、火绳枪(早期火枪的一种)、大炮,

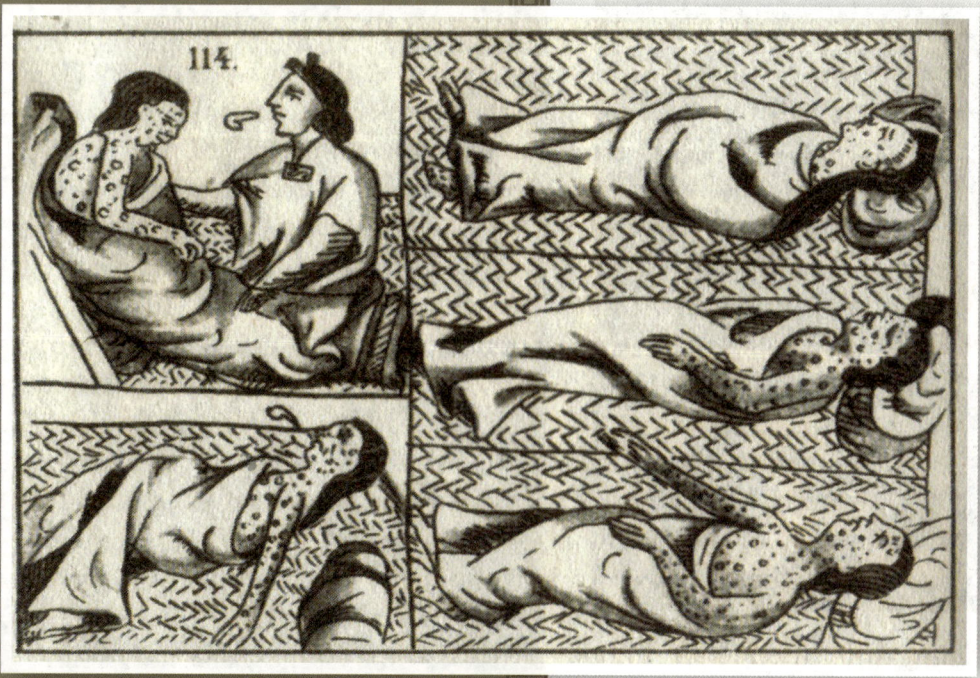

▲ 这幅作品描绘了16世纪染上天花的阿兹特克人

▲ 巴托洛梅·德拉斯·卡萨斯（Bartolomé de las Casas）是一位拥护美洲原住民权利的方济各会修士，他迫使国王制定了保护原住民的法律

或许还有最令人叹为观止的战马。战马体型庞大，攻击性强，行动迅速，在战斗中给骑手带来巨大优势，这些战马的嘶鸣声和强壮的体型也给玛雅人造成了很大的心理压力。

这支军队中的战士并非直接代表西班牙王室的士兵。正如历史学家约翰·彭伯顿（John Pemberton）所指出的，他们是雇佣兵，是参加过西班牙与法国和摩尔人欧洲战争的老兵，"（在欧洲）战争平息之后，训练有素的西班牙士兵开始找寻新的冒险机会"。他们在新大陆可以利用自己的军事技能积累大量财富，前提是他们能活下来。

西班牙人的作战方式与玛雅人完全不同——他们对俘虏不感兴趣，敌人溃败时不会停止战争，也不会等待适当时机发动进攻（不像阿兹特克人）。西班牙人会尽其所能地进行破坏和杀戮。与此同时，他们的马匹使他们具有巨大的战术优势。

西班牙人将自己视为私人冒险家而非士兵，认为自己在经营"公司"，彼此称对方为"同事"，甚至称对方为合作伙伴。史学家马修·雷斯托尔（Matthew Restall）和弗洛林·阿瑟伯格（Florine Asselberg）表示，他们"在某种意义上是商业风险投资中的合作伙伴"。他们需要武装自己，而决策往往必须经过"公司"的讨论和批准。但是，到底是什么促使这些征服者跨越危险的海洋，与他们从未听说过的人作战呢？

财富是其一大目标，他们对此并不否认，但他们也声称他们是为传播基督教这一更高目标而战——这一动机至少有一定的道理，因为像科尔特斯这样的人似乎特别乐意向皈依者宣讲基督教神的力量。卡斯蒂略声称他们远征是"为了侍奉上帝和国王陛下，给黑暗中的人带来光明，也是为了发财"。

人们常忘了，征服玛雅的战争并非只有西班牙人参与。与数十名西班牙征服者随行的还有数百名非洲奴隶和自由人。尽管在当时的记载中很少被提及，但他们也在西班牙入侵战争中发挥了重要作用。

科尔特斯从当地人手中俘获了很多女性奴隶，一个名叫马林津（Malintzin）或多纳·玛丽娜（Doña Marina）的女子在女性奴隶中很突出。她会说玛雅语和纳瓦特尔语（阿兹特克人的语言），经证实，她是科尔特斯的重要译员。科尔特斯和其他入侵者并没有在玛雅待太久，他们于1519年前往北方，与强大的墨西哥人，也

就是人们熟知的阿兹特克人进行了决战。西班牙人出乎意料地战胜了阿兹特克帝国，但这改变了该地区的权力格局。西班牙人在本质上显然是残忍的扩张主义者，他们牢牢控制着这片大陆，并在说纳瓦特尔语的人民中拥有大量盟友和臣民。

1523年，恰帕斯地区的路易斯·马林（Luis Marín）率领的西班牙人很快大批返回，与玛雅人对战。1524年，野蛮而危险的佩德罗·德·阿尔瓦拉多同样如此。阿尔瓦拉多以缺乏耐心和令人难以置信的残暴而闻名——在一个残暴的时代，他以其野蛮而闻名的事实说明了很多问题。根据马修·雷斯托尔和弗洛林·阿瑟伯格的说法，他"不仅给本土对手制造忧虑和恐惧，还给他最亲密的伙伴带来忧虑和恐惧，甚至包括他自己的家庭成员"。

在经过科尔特斯的许可后，阿尔瓦拉多南下进入危地马拉，并决定开辟自己的领土，他希望获得"阿德安塔那多"许可证（an "adelantando" licence），这样他就有权利征服并统治这片土地和人民。阿尔瓦拉多集结了300名步行士兵和120名骑马士兵，组成了一个连。他还带走了大约3000名本土勇士，以及大约3000名纳瓦人（Nahuas）[①]——墨西哥人、特拉斯卡拉人（Tlaxcalan）[②]和其他地方的人。在墨西哥城【以前是特诺奇蒂特兰（Tenochtitlán）古都——阿兹特克帝国的首都】集结了强大军团之后，他向高地上的玛雅人发起了进攻【高地由基切人、卡奇克尔人（Kaqchikels）、楚图希尔人（Tz'utujil）[③]控制】。

[①] 纳瓦人：墨西哥中部的中美印第安人。——译注

[②] 特拉斯卡拉人：墨西哥中东部的中美印第安人。——译注

[③] 楚图希尔人：危地马拉中西部高地的玛雅印第安人。——译注

玛雅人的抵抗

阿兹特克人被征服的速度相对较快,而玛雅人则完全不同。玛雅文明不像阿兹特克或秘鲁的印加文明那样是单一的中央集权帝国。这两个帝国更为强大,但由于这两国人民集中在主要定居点,因此更容易被包围和征服。而玛雅则由分散的城邦构成,各个城邦间经常发生战争,早就习惯了打仗。但矛盾的是,这也使他们更难长期抵抗外敌,因为各个城邦无法团结起来对抗一个共同的敌人。事实上,西班牙人也曾多次利用玛雅人的内部分裂。

玛雅人的战斗方式也不同。他们采用游击战战术,伏击敌人并迅速出击。他们还迅速烧毁并抛弃自己的城镇,以剥夺西班牙人的住所和资源——这种焦土政策(scorched-earth policy)[①]对西班牙这样没有固定补给线的军队尤其有效。玛雅人也会在战争中俘获敌人,将其作为奴隶和祭品,但并不像阿兹特克人那么频繁。

阿尔瓦拉多和他的连队越境进入危地马拉,多次遭到基切人的凶猛攻击。埃尔皮纳尔(El Pinar)战役是其中一场主要战役。基切人面对入侵者,人数占优势,但因遭遇西班牙骑兵,最终大败。基切人在克扎尔特南戈山谷(the Quetzaltenango valley)附近再次出击,再次落败。

基切人的统治者意识到他们无法从正面击败西班牙人和其人数众多的纳瓦人盟友,于是基切人请求和谈,邀请佩德罗·德·阿尔瓦拉多来到他们的首都乌塔特兰。但阿尔瓦拉多察觉到这是一场鸿门宴,他先一步抓住了两个基切城邦的首领,并在烧毁城邦之前活活烧死了他们(也可能是绞死了他们)。一个月后,阿尔瓦拉多在写给科尔特斯的信中试图为这一举动辩解,暗示被俘的首领已经承认计划先烧死他:"他们告诉我,他们要在城里烧死我,他们怀着这个目的把我带到这里。"无论真假,这都表明,即使是阿尔瓦拉多也意识到,烧死城邦首领很残忍。

基切人的敌人卡奇克尔人,在西班牙人身上看到了机会。他们给阿尔瓦拉多送来了礼物,其战士与西班牙人并肩作战,对抗基切人和他们的其他敌人。然后他们继续煽动阿尔瓦拉多与更多的敌人对抗。据卡斯蒂略所说,"危地马拉的卡奇克尔人吸引了阿尔瓦拉多的注意,让他注意到湖边不远处的一些城邦,其居民是危地马拉居民的敌人。"阿尔瓦拉多及时向楚图希尔人发起进攻,摧毁了他们在阿蒂特兰湖(Lake Atitlán)湖畔的主要军队。

然而,阿尔瓦拉多并没有巩固他的战果,而是继续率领他的部队南下征战,一直推进到太平洋海岸,直到萨尔瓦多,然后回到伊希姆契(Iximche),并将其更名为圣地亚哥(Santiago)。根据《入侵危地马拉:西班牙人、纳瓦人和玛雅人对西班牙入侵战争的描述》(*Invading Guatemala: Spanish, Nahua, and Maya Accounts of the Conquest Wars*)一书的作者的说法,阿尔瓦拉多希望把首都建设得像迅速发展的墨西哥城一样,并利用其作为控制卡奇克尔人和其邻国的权力中心。但他对黄金的贪婪无度使卡奇克尔人开始了长达六年的叛乱。

但西班牙人无意带来的疾病大大削弱了玛雅人的战斗力,尤其是天花,摧毁了玛雅人。由于疫情暴发、流离失所和战争不断,玛雅人

---
① 焦土政策(又称焦土作战):一种军事战略,原意包括当敌人进入或撤出某处时破坏任何可能对敌人有用的东西。——译注

口粮减,难以休整,无法抵抗西班牙人的进一步进攻。

科尔特斯

1525年,科尔特斯亲自带兵攻打玛雅人,率领一支大军穿过伊察的领土。他的主要目的地是洪都拉斯,在那里,另一个西班牙人克里斯托瓦尔·德·奥利德(Cristóbal de Olid)反叛并自立为总督。他计划走更难走的陆路,而不是海路,这样他就可以发现——用他自己的话说——"许多未知的土地和省份……(并)征服其中许多土地,之后也是这样做的"。

科尔特斯率领其由大约300名西班牙人和3000名盟友组成的部队来到与伊察交战的卡加其(Kejache)地区。经过了多个被烧毁的定居点后,他来到了佩滕湖(Lake Petén)湖畔,在那里他遇到了伊察的统治者阿卓·坎·埃克(Ajaw Kan Ek')。他举行了一场盛大的弥撒,这场基督教仪式给阿卓·坎·埃克留下了深刻印象,也展示了教会的神力。科尔特斯在给西班牙国王的信中(这一记录并不十分可靠)写道,他让阿卓·坎·埃克对上帝的力量印象深刻,阿卓·坎·埃克回应说,他对此十分感兴趣,如果科尔特斯陪他去往伊察首都,他准备烧毁他所信奉的圣像。科尔特斯还提到了西班牙国王的权力,声称伊察统治者和"世界上的每个人都是你(国王)的臣民",包括这些地区的许多人,他们已经屈服于"西班牙帝国的统治",阿卓·坎·埃克"希望成为陛下的臣民和封臣,他认为自己很幸运得此殊荣"。

格兰特·德·琼斯(Grant D Jones)认为"这可能是伊察统治者采取的一种拖延策略,目的是取悦这个危险的敌人,说服他尽快继续他的旅程"。或者,正如科尔特斯一党内的一些人所怀疑的那样,伊察统治者可能一直在试图将科尔特斯哄骗到玛雅城邦佩滕伊察(Petén Itza)的首都诺伊佩滕(Nojpetén),这样伊察统治者就可以将其杀死。

随着科尔特斯的队伍不断前进,他们的食物和给养越来越少,一度被迫日夜行军数日。在这类冒险之旅中,他们很有可能挨饿,而疾病流行更是增加了挨饿风险。队伍继续前进,他们最后找到了一直在寻找的西班牙人奥利德,却发现他已经被其他军官当作叛徒处决了。于是,科尔特斯在当地海岸建立了新的定居点,并于1526年返回墨西哥城。

这些探险队虽然展示了西班牙的实力,却未能征服玛雅的大片领土。玛雅人因采用各种各样的外交策略、打游击战、抛弃城镇和分散战斗而幸存下来。当地自然资源贫乏,西班牙人对该地的兴趣也大大降低。

尽管从1528年开始,恰帕斯发生了叛乱,但在接下来的几年里,西班牙还是巩固了恰帕斯的领土。与此同时,尤卡坦半岛海岸遭到弗朗西斯科·德·蒙特霍所率领的西班牙军队入侵,但他很快就被玛雅人赶走了。在接下来的几年里,蒙特霍又曾多次试图征服该地区。

1527年,佩德罗·德·阿尔瓦拉多的弟弟豪尔赫·德·阿尔瓦拉多(Jorge de Alvarado)率军征服了佩德罗未能平定的土地。他率领一支由数百名西班牙人和数千名当地盟友组成的部队进入卡奇克尔领地,在奇玛尔特南戈(Chimaltenango)建立了一个基地,和他的盟友攻击该地区的其他玛雅军队。到1529年,豪尔赫基本上成功征服了危地马拉高地。

西班牙人将玛雅人赶到殖民地,为他们提供

▲ 佩德罗·德·阿尔瓦拉多既是一名老兵，也是一个残酷冷血的领导人，曾目睹了多次当地玛雅人惨遭屠杀的场面

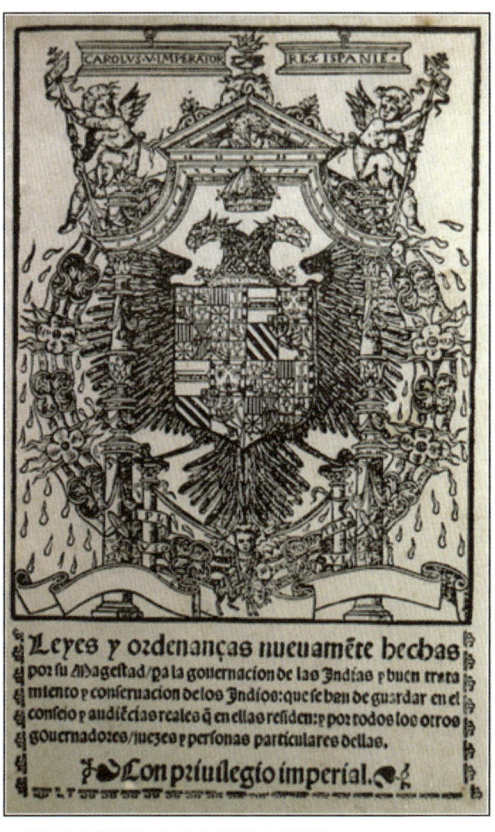
▲ 新法律捍卫玛雅人和其他印第安人的权利

住所，并将他们置于自己的控制之下。西班牙人实行一种美化暴行的制度，在这种制度下，西班牙入侵者可以剥削战败者的劳动。根据历史学家乔治·洛弗尔（George Lovell）所称，与控制土地相比，西班牙人"对控制人口更感兴趣"，他们"更有商人头脑，思想并不保守"。西班牙人靠奴隶劳动赚钱。许多玛雅人躲藏在森林或高地，抗击西班牙人。

在蒙特霍多次试图征服尤卡坦半岛北部无果之后，他的儿子继续征战，并于1542年控制了该地区。直至1546年，西班牙人终于控制了整个半岛。

饱受饥荒、战争和疾病摧残的玛雅人，遭到了征服者的系统性剥削。在1540年，一些人承认了这是一种暴行，应该停止，他们通过了《印第安新法》（the New Laws of the Indies），该法案旨在结束对印第安人的奴役和压迫，并给予他们一定的保护。虽然该法案很难执行，而且经常被规避，但它至少是为阻止恶劣剥削情况所采取的一个举措。

在西班牙人第一次乘独木舟与玛雅人相遇不到50年之后，欧洲人就控制了玛雅人的大片陆地。只有那些位于佩滕地区的玛雅城邦仍然可以宣称其不受西班牙控制。许多希望继续战斗的玛雅人撤退到这些玛雅城邦，与入侵者顽抗到底。尽管他们战斗勇猛、战心坚决，但西班牙军队仍势不可挡。

玛雅反抗失败

尽管玛雅人英勇抗战，但最终还是难逃败局

查尔斯·金杰

米格尔（Miguel）来到新大陆是为了寻找财富，或许也能获得一两次晋升，这样他就能回到西班牙买下他一直心心念念的那块地。为了实现这个目标，他十分努力。天知道，过去几年里，他感觉他好像生来就是要赚大钱的，一想到村里的人现在会怎样对他，他就忍不住笑了。他花了很多钱，过程充满艰辛，甚至是残酷，但他觉得他最终让生活在这片被上帝

遗弃的土地上的野蛮人开化了，付出的一切都值得。

当米格尔大步走在鹅卵石铺成的街道（这条街道是丛林中新建小镇的主干道）上时，他觉得当地人开始享受到西班牙人统治的好处了。虽然让玛雅人认识到这一点还需要一些时间，但他们中的许多人似乎都很感激能得到圣人救赎，最重要的是被唯一真神拥抱。

当米格尔走近教堂时，一声尖叫打断了他的思路——"快跑！"瞬间，人群陷入恐慌。接着又一声尖叫传来，随之树林中闪过一道黑影，一个满身彩绘的战士从矮树丛中跳了出来，手中紧攥标枪，头戴一排精致的羽毛。然而，一看他的眼神，米格尔便知道了一切。越来越多的武士从树丛中涌出，米格尔连忙后退，转身跑向夺路狂奔的当地人和受惊的西班牙人。他没跑多远，就听见后脑勺"砰"的一声，之后便重重摔倒在地，眼前逐渐被黑暗笼罩，他最后看到的是一张武士鬼脸，武士身材魁梧，手中的木棍血迹斑斑。

尤卡坦陷落

1546 年 11 月，小弗朗西斯科·德·蒙特霍（Francisco de Montejo the Younger）

◀ 这一混乱的场景浓缩了西班牙征服墨西哥的全过程,这是一场置当地人需求和生死于不顾的侵略战役

征服了尤卡坦地区的大片区域。小弗朗西斯科·德·蒙特霍是老蒙特霍的儿子，1541年，老蒙特霍曾率领400人的军队在尤卡坦地区建立了西班牙人的第一个永久定居点，多年来他一直试图征服这个动荡的地区，但以失败告终。

也许是看清了整个大局势，许多玛雅城邦首领都顺从了西班牙的统治，其中包括修家族首领。其次是图塔尔·修（Tutal Xiu），他是整个尤卡坦北部地区最强大的统治者。他后来皈依基督教，鼓励他的同伴顺从西班牙人，渐渐地，整个尤卡坦西部地区都受到了西班牙的影响。

1541年，玛雅卡努尔城邦（the Canul Maya）的首领拒绝了蒙特霍向其提出的顺从西班牙王室的要求，当他因违抗命令被蒙特霍的手下追捕和惩罚时，尤卡坦半岛东部的许多贵族仍然对他充满敌意。

科华（Cochua）和库帕（Cupal）玛雅部落一直反抗西班牙人的统治，尽管他们最初反抗西班牙人以失败告终，但1542年，他们再次奋起反抗，同年蒙特霍在墨西哥湾沿岸建立了梅里达城（Mérida）。他们与其他部落[包括切图马尔（Chetumal）和索图塔（Sotuta）部落]一起，设法保持了独立。

1546年11月，尤卡坦半岛东部发动了一场起义，塔泽（Tazes）和乌伊米尔（Uaymil）等许多玛雅人一起试图将西班牙人从尤卡坦半岛永久地驱逐出去。

东部起义

尽管到1546年为止，尤卡坦半岛上的玛雅人还不到30万人，但西班牙人仍然在许多地方遭遇了顽抗。西班牙人之所以难以压制原住民，部分原因在于各个玛雅城邦分布在尤卡坦半岛的不同地区。西班牙人在茂密的森林中跋涉，寻找熟悉每一块石头和每一棵树的玛雅勇士，这给西班牙人带来了重重阻碍。这种游击战经常使西班牙人在整个半岛上停滞不前。

西班牙人强迫和改变当地人带来了一个不可避免的副作用，即玛雅群体内部被迫痛苦分裂。一些玛雅城邦（比如马尼城邦）是玛雅潘联盟的成员，该联盟由尤卡坦半岛北部和西部的玛雅城邦组成，逐渐归顺了西班牙人；但位于半岛南部和东部的其他玛雅城邦则继续自治，这些城邦自然对屈服于西班牙的玛雅城邦满怀戒心。这些意识形态上的差异引发了1530年的流血事件，当时西班牙的敌对城邦科卡姆（the Cocum）屠杀了40名马尼城贵族。

西班牙人不顾一切地进行暴力镇压，灌输维持社会稳定的思想，强迫当地人居住在劳工聚居地。这自然激怒了玛雅人，于是他们进行了反抗。令人难以置信的是，他们在16世纪30年代曾成功迫使西班牙人离开了奇琴伊察古城。具有讽刺意味的是，基于这一反抗战役的取胜，玛雅人得出了一个致命假设，即他们可以打败西班牙人。

之前与军事上占优势的西班牙人对战取胜大大鼓舞了玛雅反抗者的士气，1546年11月8日，半岛东部的玛雅城邦袭击了一些西班牙人统治之下的城镇，对巴利亚多利（Valladolid）的打击尤其严重。玛雅反抗者开始抓捕并残害一些西班牙人和他们的当地盟友，其中包括妇女和儿童。胡安·卡西诺（Juan Cansino）和迭戈（Diego）兄弟尤其不幸。

在玛雅的军事文化中，抓获等级较高的玛雅敌军尤为重要。除了攫取尽可能多的战利品之外，抓捕等级较高的囚犯是重中之重，其最

▲ 这幅插图突显了身披战甲的西班牙入侵者与奋力抵抗的玛雅战士之间的巨大军事差距

重要的原因是献祭。玛雅人认为血液是强大的力量来源，在他们看来，献祭高贵的血液是滋养和取悦他们众多神灵的最佳方式。

玛雅人的祭祀方式各不相同，在献祭胡安和迭戈的过程中使用了弓箭。玛雅人认为西班牙征服者的儿子胡安和迭戈身份十分高贵，献祭给众神再合适不过。这对兄弟被绑在一对木制十字架上（这明显是对他们的基督教信仰的一种打击），然后被箭射得千疮百孔，最后在痛苦中慢慢死去。

他们的血肉之躯被送到许多玛雅人的定居点，煽动各地玛雅人进行叛乱。这一行动似乎取得了预期效果，叛乱升级，持续了18个月。

迥异的作战方式

在西班牙人入侵玛雅的过程中，最耐人寻味的一点是双方处理冲突的方式截然不同。西班牙人乘坐笨重的船只穿越大西洋，在南美洲和中美洲的沙滩上登陆，持有弓弩、火绳枪、轻型火炮等先进武器。他们还挥舞着重矛、剑、长枪和剑杆，身披铠甲，头戴圆顶头盔。相比之下，玛雅人的装备则十分落后。

玛雅人挥舞着致命的尖刺棍棒、弓箭、石头和长矛，只身着一件塞满岩盐的外衫，以抵御敌人的进攻，有时甚至连防御外衫都没有。习惯于与目的相同（获取财宝和囚犯）、武装相似的士兵作战的玛雅人，现在面对的是一个完全陌生的敌人，他们之间的鸿沟不仅在于军事力量悬殊。

按照16世纪任何一支欧洲军队的惯例，西班牙人在登陆新大陆时还带有数千匹战马和战犬。玛雅人甚至从未见过马，更不用说拥有与之对抗的经验或武器了。他们也缺乏车轮、火药或钢铁等重要工具，而西班牙人作战时严重依赖这些工具。然而，尽管交战双方军事实力差距巨大，但西班牙人花了近200年的时间才完全压制了抗争的玛雅人。其中部分原因在于玛雅人能巧妙利用当地地形。

玛雅人意识到，如果与西班牙人正面交战，他们几乎肯定会被歼灭，于是他们设置各种陷阱，挖好布满尖刺的战坑，以阻止西班牙士兵的进攻并扰乱骑兵的进攻，否则缺乏防御外服的玛雅战士将会溃不成军。尤卡坦东部的玛雅人在进行游击战时，会在逃回丛林保护区前对西班牙人进行突袭。对西班牙人而言，他们对玛雅人的突袭防不胜防。

根据许多西班牙人的记载，玛雅人常试图包围和俘虏像埃尔南·科尔特斯和弗朗西斯科·德·蒙提霍（老蒙提霍）这样的首领，但并没有杀死他们，而是试图控制他们。但很明显，西班牙人看不起不屈不挠的玛雅战士，将其视为一种障碍。这种观点可能在某种程度上解释了为什么西班牙人如此急切、明显地贬低顽强的玛雅战士——西班牙人将玛雅人视作笨手笨脚的野蛮人，比不上更优秀的基督教战士。

踏往诺伊佩滕

在经历了1546年的玛雅起义冲击之后，西班牙人和其本土同盟者重新联合起来，最终在一场激战中击败了联合起来反对他们的玛雅人。尽管20名西班牙人和数百名本土盟友死于此战，

老蒙特霍
来见见这个觊觎玛雅城邦的人

1479年在西班牙萨拉曼卡（Salamanca）出生的老蒙特霍于1514年离开家乡，乘船前往古巴冒险。一抵达古巴，老蒙特霍就加入了一个远征尤卡坦半岛和墨西哥湾的探险队，之后他又加入了科尔特斯的队伍，参加了对抗阿兹特克人的军队。

蒙特霍因在险峻地形上与玛雅敌军作战经验丰富，于1527年得到皇家批准，替西班牙国王殖民了整个尤卡坦半岛。一到古巴，蒙特霍就烧毁了他的四艘船，阻止他的手下返回古巴。

1511年，在玛雅当地天花暴发，当地人大量死亡的有利情形下，蒙特霍深入尤卡坦半岛东南部，到达切图马尔，占领了坎佩切等地。

蒙特霍希望建立自己的封地，但由于资源匮乏，加上法兰西斯克·皮泽洛在秘鲁成功发掘了巨额财富，这一野心最后落空——蒙特霍的许多手下受金矿诱惑放弃进攻尤卡坦地区，但蒙特霍的儿子最终完成了父亲遗命。

▲ 一座纪念老蒙特霍和他的儿子小蒙特霍的纪念碑矗立在梅里达城内

勇敢的拉坎顿人

当西班牙人决定连接两块新领土时,一个强悍的对手挺身而出,拦住了他们的去路

1695年,统治着新大陆大片土地的西班牙当局决定,将危地马拉与尤卡坦半岛连接起来,这有助于贸易、旅游和进一步征服玛雅其他地区。当时,没有人停下来考虑他们的计划将带来什么潜在后果,他们对拉坎顿丛林三管齐下进行猛攻,而拉坎顿丛林是凶猛的拉坎顿人的领地。

西班牙人认为拉坎顿人是一大威胁,当时他们重击了危地马拉高地,使得西班牙人认为穿越拉坎顿丛林并不明智。事实上,这些足智多谋的拉坎顿人造成了极大威胁,以至于教会公开进行军事干预,担心他们的工作(传教和建立教堂)会遭到破坏。

拉坎顿人撤退到他们丛林家园深处,努力抵抗西班牙人的入侵,但他们的领地一个接一个地沦陷,最终西班牙人在拉坎顿河(the Lacantún River)岸边建造了堡垒。

在数百名玛雅盟友的帮助下,西班牙人在危地马拉高级法院主席哈辛托·德巴里奥斯·里尔(Jacinto de Barrios Leal)的领导下,成功将拉坎顿人赶出家园,这些流离失所的土著人后来重新定居在他们曾经被掠夺过的高地上。

▲ 在一名修士的注视下,西班牙人推倒了玛雅神像

但此战的胜利标志着尤卡坦半岛北部最终被征服。西班牙人逐渐加强了对该地区的控制。

玛雅人的反抗以彻底失败告终,西班牙人控制了玛雅人的土地,许多玛雅人从北方逃往南方,来到佩滕盆地这一安全地带,诺伊佩滕城和实力强劲的伊察城就位于此处。

自从埃尔南·科尔特斯在1525年第一次与伊察人相遇以来,西班牙人一直避免迫使伊察人皈依基督教。在一些情形下,他们受到伊察人的欢迎,但他们的宗教提议遭到了拒绝;在其他场合,伊察人也会刀剑相向。伊察人对

西班牙人的屠杀自然招来了报复，一些伊察人受酷刑被处死。

正是这种公开的敌意——加上西班牙的政治动荡，放缓了西班牙王室对新大陆的侵略——导致西班牙人中断了将近一个世纪的入侵。直到 1692 年，在一位名叫阿里兹门迪的贵族提议修建一条从梅里达城到西班牙在危地马拉的领地的道路后，西班牙人再次展开了对尤卡坦半岛南部的征服。阿里兹门迪建议，随着道路的修建，当地居民可以重新组合成更容易被监督的会众。

在 17 世纪后期，西班牙人逐渐向南挺进。正如他们到达新大陆以来的情况一样，西班牙人在征服过程中严重依赖教会的帮助。教会（尤其是修士）不可或缺，因为它为这场毫无疑问的入侵战争提供了"道德"上和"精神"上的正当理由。虽然西班牙人可能的确想让其"异教徒"对手皈依上帝，但如果美洲没有财富，入侵就永远不会发生。因此，依托宗教借口十分有必要，西班牙人可以借此隐藏他们对黄金和其他物质的欲望。

西班牙人深入尤卡坦半岛南部的过程中遇到

了一系列血腥的小规模冲突和残酷的背叛。有一次，2000名伊察人划着独木舟横渡佩滕湖，包围了一小支西班牙军队，西班牙军队被迫发动了一场火力攻击，然后四窜逃命。

伊察人一如既往地利用环境优势，在危地马拉北部的丛林深处建造了一座名为塔亚萨尔（Tayasal），也被称为诺伊佩滕的城市。这是玛雅人争取独立的最后一个堡垒，西班牙人知道他们必须占领该地，才能最终完全征服玛雅人。

避难所沦陷

1697年2月26日，阿里兹门迪到达了佩滕湖畔。他率领一群士兵，让其建造一艘既能运人又能运大炮的木船。然而，在他全力进攻诺伊佩滕之前，给了国王坎·埃克和谈的机会。也许是出于恐惧，也许是因为愚蠢，国王没接受该提议，取而代之的是一大批玛雅人的守卫者开始从岸边慢慢涌出来，载有玛雅战士的船只在湖上航行。阿里兹门迪只剩下一个选择。

西班牙人袭击了这座城市，一波接一波地屠杀护城守军，西班牙人员损失却很少。尽管玛雅战士在顽强保卫自己的家园（也就是玛雅仅剩的独立城邦），但面对一心想一劳永逸地结束玛雅抵抗的敌方大炮，他们毫无胜算。虽然西班牙人花了几个小时就结束了战斗，但他们花了将近两个世纪才走到这一步。

安德烈斯神父（Padre Andrés）巧妙地扫除了这座城市的玛雅人所存的异心。他花时间学习了玛雅象形文字，并利用这些知识让当地人相信，他们自己的日历已经预言了玛雅社会将在哪一年衰落。面对如此神圣的审判，玛雅人还能拿出什么论据来反驳呢？

在丛林争夺战中，争取玛雅独立的最后一个看守人撤退了，留下诺伊佩滕城被占领，胜利的阿里兹门迪戏剧性地将其更名为"我们的圣母玛利亚（Our Lady of Remedy）和圣保罗（Saint Paul）——伊察湖"。在诺伊佩滕城的贵族（包括他们以前的国王）被抓获后，玛雅复兴的希望被全部粉碎。

▼ 位于现代尤卡坦梅里达的一座殖民时期的教堂。如果没有教会的干预，西班牙入侵者会发现玛雅人更难被征服

玛雅落败但值得被永远铭记

考虑到玛雅人所面临的不利形势,玛雅人的失败似乎不可避免。然而,从1525年到1697年,历经一个多世纪,西班牙人才终于征服了玛雅。这一事实证明,在这个丛林遍布的地区,玛雅土著居民展现出令人难以置信的坚韧。尽管各玛雅城邦在政治上存在分歧,缺乏现代武器和西班牙人所拥有的先进技术,但玛雅人仍英勇地战斗到了最后。

玛雅人的遗产流传至今,这是一段令人骄傲、展现智慧、写满勇气的民族史。他们为众神建立了令人惊叹的纪念碑,制作出各种各样复杂的人工制品,研究星象,高效利用四周贫瘠的土地来供养臣民。

玛雅社会落下帷幕

探索玛雅人在其文明衰落后的传奇故事

斯科特·里夫斯（Scott Reeves）

图伦（Tulum）的风之神神庙是墨西哥玛雅里维埃拉度假胜地的热门景点。

在诺伊佩滕城血腥的短暂战斗中，许多玛雅战士被西班牙士兵砍死。最后一批玛雅城邦的幸存者在慌乱中跳入城周水域逃生；一些人淹死了，另一些人爬上岸，钻进了雨林。曾经强大的玛雅帝国在一声呜咽中结束了。

玛雅人也许被征服了，但他们的故事并没有结束。在诺伊佩滕城沦陷近 300 年后，里戈韦塔·门楚·图姆（Rigoberta Menchú Tum）——危地马拉玛雅人的后裔——因促进保护玛雅土著人口权利所做的努力而被授予 1992 年诺贝尔和平奖。正如图姆所言，"我们不是过去的神话，不是丛林中的废墟，也不是动物园。我们是人，我们希望被尊重。"大约有 600 万玛雅人继续生活在中美洲，他们的财富随着那些控制自己曾有领土的人的态度的变化而变化。

也许玛雅社会最大的变化就发生在西班牙人征服中美洲并建立危地马拉总督辖区（the Captaincy General of Guatemala）之后。由于从欧洲传入的流行病已经大大减少，分散的玛雅人口开始集中在新的城镇和村庄，这些城镇和村庄往往从头开始建设，打破了以往的

▲ 为了遏制玛雅文化，许多土著居民被迫从他们的传统村庄迁移到西班牙裔定居点

土地分区。

然而，玛雅人迁移和重新分配土地需要劳动力。西班牙土地殖民者有权让土著居民从事无薪或低薪的村庄建设工作，并在农场、矿山和道路上劳动。这项工作断断续续，本质上是一种兼职奴隶的工作，当西班牙人不需要玛雅人的时候，玛雅人可以自由返回自己的土地。

西班牙人的目的是驯服这片土地，重建土地文明，同时也驯服生活在这片土地上的土著居民，使其变得"文明"。西班牙殖民者期望玛雅人皈依基督教，以此作为对其免费劳动力的回报。

▲ 西班牙人和玛雅人之间的通婚带来了文化融合和混血儿

到了1724年，在诺伊佩滕沦陷近30年后，西班牙对中美洲的控制已经足够稳固，他们对玛雅人开始放松警惕。基础设施被建立，强制性劳动制度被废除，村庄可以自由管理自己的事务，尤其是那些远离殖民统治者的村庄。西班牙文化和玛雅文化继续融合，二者的差别随着混血儿的出生而逐渐消失。

土著村民一如既往地生产衣服、篮子和陶器，并在社区市场上进行交易。玉米和豆类仍是主食，但鸡肉、牛肉和猪肉开始取代野味。森林被改造为牧场，改变了玛雅的社会景观，在西班牙新型钢铁工具的帮助下，森林变牧场也更加容易实现。麻烦的是，一些玛雅人爱上了西班牙人蒸馏的烈酒。虽然玛雅人对酒并不陌生——玉米啤酒在高地很常见，蜂蜜酒在低地很受欢迎——但在高强度的欧洲守卫的压力下，酗酒开始盛行。

19世纪20年代，当西班牙殖民地从欧洲霸主手中赢得独立时，这些新独立的国家需要决定本土居民的管理政策。在危地马拉，政府愿意给予生活在高地的玛雅人一定程度的自由。然而，在新西班牙的一些偏远省份，情况却并非如此。在恰帕斯，关于国家未来走向（将并入墨西哥）的分歧带来了内部冲突，包括许多玛雅人的叛乱。也许最大的动荡发生在墨西哥的尤卡坦州，玛雅人的反抗导致了长达54年的阶级战争。

随着20世纪即将到来，尤卡坦半岛局势时而稳定、时而不稳定，更广阔的玛雅土地再次受到威胁。危地马拉总统鲁菲诺·巴里奥斯（Rufino Barrios）想要改善国家的经济和提高其在世界市场的竞争力，他废除了玛雅人拥有的公共土地，并强加了一种新的季节性强制劳动制度。玛雅人从高地被运送到山麓的咖啡种植园工作，由于工资太低，工人经常欠雇主的债。在这一年剩下的时间里，他们回到家里种植玉米，生产可以在玛雅市场上出售的工艺品。

说西班牙语的拉迪诺人（ladinos，那些被西化并拒绝本土文化的玛雅人，主要是混血儿，但也包括一些欧洲人和被西班牙人教化的玛雅人）成群结队地定居在古老的玛雅公社土地上，阶级分化迅速出现。当玛雅人在恶劣的条件下拿着低工资劳动时，拉迪诺人则成为专业人士、店主、教师、神父和监督员，他们带来了西班牙和危地马拉其他地区的语言、宗教和食物。一种新的剥削方式开始了，玛雅文化也随之被进一步侵蚀。

然而，玛雅人发现，他们的古代文化因能吸引游客赚钱而慢慢受到现代政府的重视。1930年，第一家酒店在奇琴伊察古城附近开业，当时每年只有几十个房间客满。当有关玛雅文化的消息进一步传开，加上旅行变得更加容易，使得游客数量激增，这使墨西哥政府在1972年不得不将之前的哥伦比亚古迹划归国有。到2017年，奇琴伊察古城每年接待200多万名游客。当地利用游客对墨西哥土著历史的兴趣，将尤卡坦半岛远远延伸的加勒比海岸线称为玛雅里维埃拉（the Riviera Maya），在那里的小海滨上布满了大型度假村和小型精品酒店。

▲ 许多20世纪的玛雅人在咖啡种植园找到了季节性工作（seasonal work），但是工资低，条件差

▲ 到了20世纪40年代，传统的玛雅生活融合了古代和现代玛雅文化

▲ 传统的玛雅工艺品仍然存在，是失落文明的记忆

▲ 危地马拉内战导致玛雅高地的村庄居民被屠杀

危地马拉拥有同样令人印象深刻的雨林之城蒂卡尔城,尽管它试图以玛雅历史为背景吸引游客,但由于一场恶性的内部冲突,这一举措并没有取得成功,在此期间,玛雅人的财富在被征服后达到了最低点。

从 1975 年开始,危地马拉军方开始有系统地对玛雅人使用恐怖手段,并在 20 世纪 80 年代上半叶达到顶峰。

总共约有 15 万玛雅人被杀害,另有 4 万人失踪——推测是被谋杀,但没有实物证据。那些幸存下来的玛雅人面临着他们的传统文化不断被破坏的威胁。玛雅社区被打造成由基督教传教士管理的模范村庄。据估计,危地马拉至少有 25 万名儿童在暴力冲突中失去至少一名至亲,这进一步削弱了各家庭与玛雅文化的联系。人们曾试图和解并走出危地马拉大屠杀的阴影,但玛雅地区的不稳定和社会不平等仍然是社会痛点。

在诺伊佩滕城沦陷后的 300 年里,玛雅人仍继续面临冲击,因为现代世界侵犯了他们的土地、传统和文化。许多玛雅人生活在中美洲,总共约 600 万人,其中危地马拉的人口占 41%,伯利兹的人口占 10%,还有数十万人生活在美国加利福尼亚州,大部分是危地马拉内战时期逃离的移民。

玛雅人如今生活的世界与被欧洲人征服之前的世界截然不同,但他们在殖民统治、独立、内战和种族灭绝中幸存下来,玛雅文化得以延续。玛雅人已经在中美洲生活了数千年,他们还将继续在此地生活下去。

阶级战争
鲜为人知的玛雅城邦复兴

半个世纪以来,玛雅从废墟中崛起,为了独立自主而战。在尤卡坦半岛的坎佩切 - 梅里达地区,土著玛雅人的人数以五比一的比例超过了欧洲人的后裔尤卡特克人(Yucatecos)。1847 年爆发了一场起义,尤卡坦半岛当局得知了这场革命计划,处决了玛雅领导人曼努埃尔·安东尼奥·埃(Manuel Antonio Ay),并杀死了其他起义人员。然而,先发制人的打击却适得其反。玛雅人被激发起来反抗,把政府军几乎完全赶出了尤卡坦半岛。

接下来的 50 年里,玛雅边境遭遇袭击,双方僵持不下。最大的一座以其首都的名字命名的玛雅领地称为陈圣克鲁兹(Chan Santa Cruz)。英国政府转而支持墨西哥人时,中断了英属洪都拉斯城(现在的伯利兹)和陈圣克鲁兹城之间的贸易,从而中断了玛雅人至关重要的军事供应。墨西哥军队的下一场战役直接在玛雅人的领土上展开,并最终占领了陈圣克鲁兹。玛雅人的首都已经不是第一次沦陷于强大的火力之下了。玛雅城邦的短暂复兴结束。

▲ 墨西哥人和玛雅人为争夺尤卡坦半岛的控制权展开了持续 54 年的阶级战争(The Caste War)

探索玛雅世界

云观独特在线展览，开启一次古代玛雅之旅，为后代保存玛雅文化遗产

在19世纪80年代到90年代，英国探险家阿尔弗雷德·莫德斯雷（Alfred Maudslay）在中美洲游历，研究和记录了古代玛雅遗产。他为奇琴伊察古城等著名景点拍摄了第一批用玻璃板照相法拍摄的照片，并创作了400多件与玛雅艺术、铭文和纪念碑相关的石膏模型。这些被他作为遗产留下的石膏模型，对于中美洲文化的研究工作和研究该领域的学者来说意义重大。

100多年后，大英博物馆（the British Museum）和谷歌艺术与文化网站（Google Arts & Culture）合作推出了一个新的在线展览——探索玛雅世界（Exploring The Maya World），将莫德斯雷的工作成果传向世界。大英博物馆罕见的藏品已被数字化，并首次对外开放，将玛雅文明鲜为人知的迷人故事呈现在人们面前。在"探索玛雅世界"的众多策划中，有9个新策划的在线展览，展览物品有650多件，包括照片、期刊、文物和绘画，以及一部展示展览幕后场景的纪录片。借助现代科技，可以观赏200个经数字化技术处理后的莫德斯雷石膏的重构3D模型，还可以360度全面游览玛雅古城帕伦克——足不出户就能体验。

---

① 玻璃板照相法：一种早期的摄影方法。它是对达盖尔照相法的廉价模仿。首先对玻璃板负片进行脱色，然后将该负片对着黑背景以制出正像。这种技术最初于1831年公布。1854年，美国的詹姆斯·卡廷获得这种技术的专利。——译者注

保护玛雅遗迹

莫德斯雷在危地马拉的基里瓜城拍摄了这张巨兽型大圆石的照片,其更广为人知的名字是"大海龟"。莫德斯雷为各种玛雅纪念碑制作了石膏模具和模型——这一件需要用到重两吨的巴黎石膏!

皇家住所

帕伦克宫是 7 世纪到 8 世纪玛雅城市的政治和礼仪中心。莫德斯雷住在帕伦克宫废墟中的 C 号房子里,仔细观察可以看到他的床和设备。

记录玛雅遗产

这是莫德斯雷的一本野外笔记本的档案扫描图,记录了他对玛雅遗址的广泛研究内容。他把自己精选的笔记本、日记和草图留给了大英博物馆。

玛雅手稿

《德累斯顿手抄本》是现存的西班牙人入侵前最古老、最完好的配图手稿,记录了玛雅象形文字,并以收录有仪式内容和占卜日历为特色。

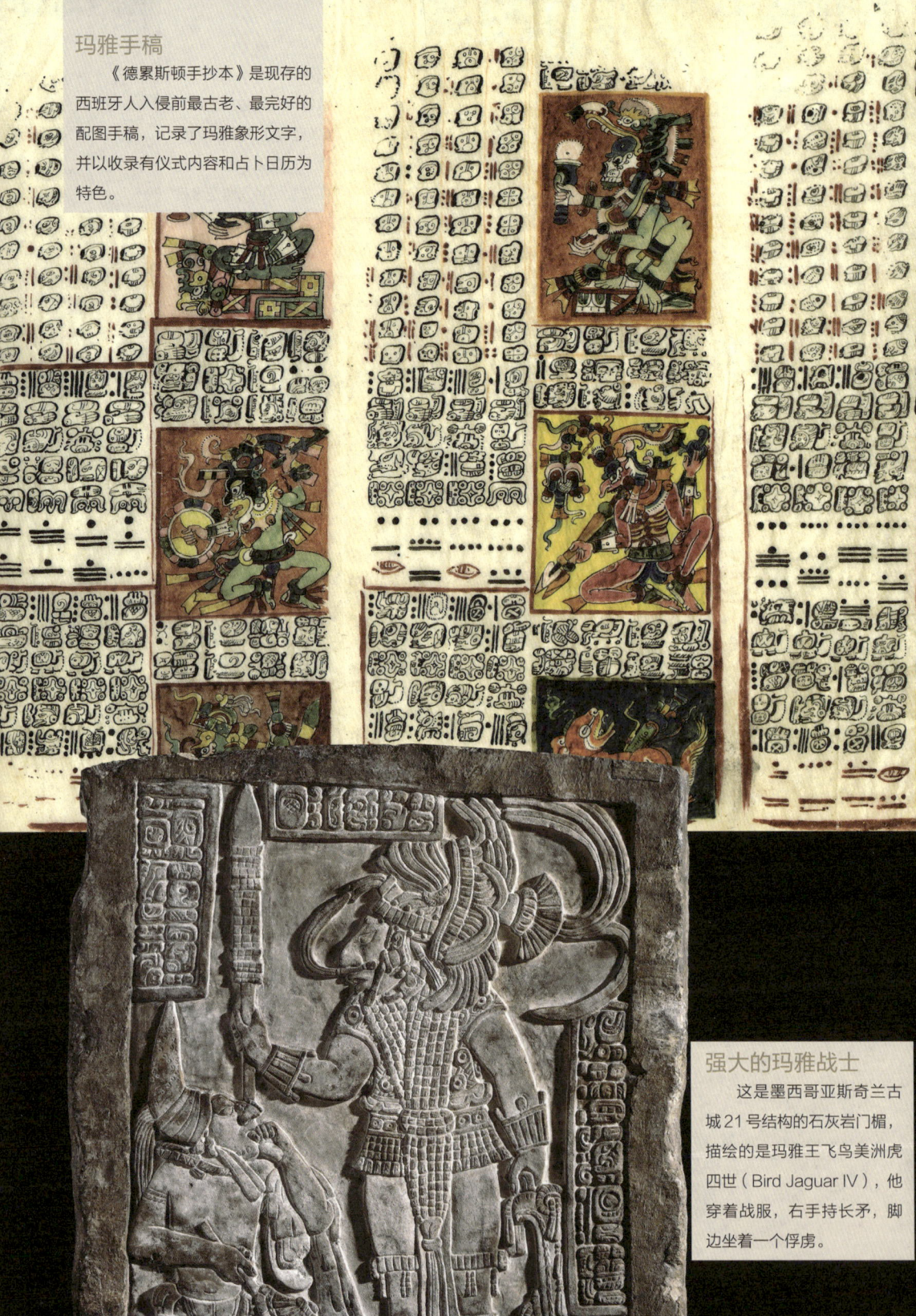

强大的玛雅战士

这是墨西哥亚斯奇兰古城21号结构的石灰岩门楣,描绘的是玛雅王飞鸟美洲虎四世(Bird Jaguar IV),他穿着战服,右手持长矛,脚边坐着一个俘虏。

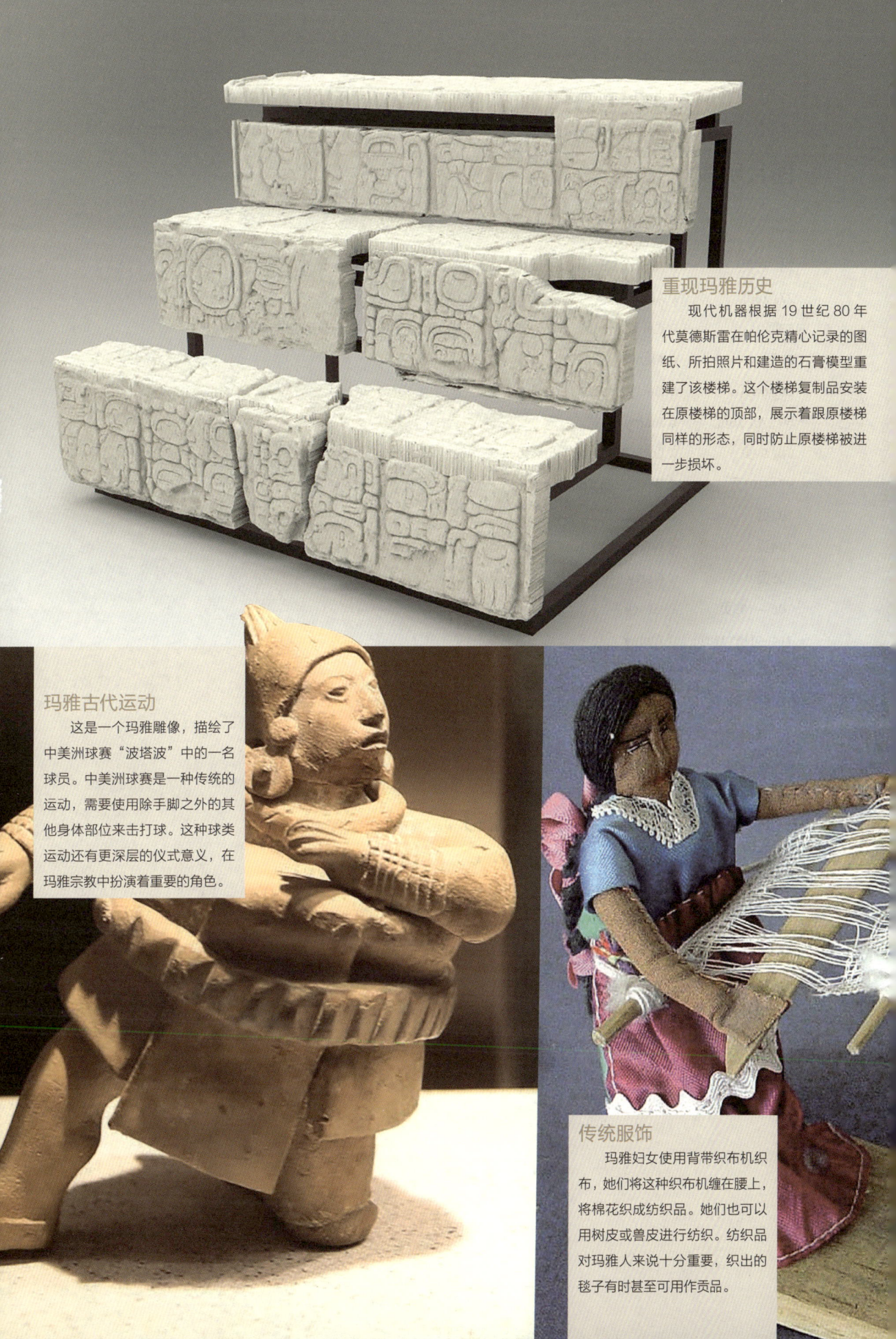

重现玛雅历史

现代机器根据 19 世纪 80 年代莫德斯雷在帕伦克精心记录的图纸、所拍照片和建造的石膏模型重建了该楼梯。这个楼梯复制品安装在原楼梯的顶部,展示着跟原楼梯同样的形态,同时防止原楼梯被进一步损坏。

玛雅古代运动

这是一个玛雅雕像,描绘了中美洲球赛"波塔波"中的一名球员。中美洲球赛是一种传统的运动,需要使用除手脚之外的其他身体部位来击打球。这种球类运动还有更深层的仪式意义,在玛雅宗教中扮演着重要的角色。

传统服饰

玛雅妇女使用背带织布机织布,她们将这种织布机缠在腰上,将棉花织成纺织品。她们也可以用树皮或兽皮进行纺织。纺织品对玛雅人来说十分重要,织出的毯子有时甚至可用作贡品。

图片所属

24、25页	© Alamy, Simon Burchell, H. Grobe, Bernard Dupont
27、28页	© Alamy
53页	© Getty Images, Wiki: Ant Mela, Elelicht , PashiX, Pete Fordham, PhilipN
67页	© Alamy
66、68页	© Getty Images
69、70、76页	© Alamy
90、91页	© Look & Learn; Thinkstock; Corbis
97—101页	© Wikipedia Commons
102页	© iStock
104页	© Wikipedia Loves Art participant "artifacts"
105页	© Getty
106—109页	© iStock
114—116、118页	© Alamy
117页	© Getty
119页	© Wikipedia Commons ©Juan Carlos Fonseca Mata
130页	© Metropolitan Museum of Art
139、140页	© Getty
141、142页	© Alamy
143页	Wikipedia Commons © Bjørn Christian Tørrissen
164页	© Metropolitan Museum of Art
170、171、175页	© Wikipedia
178、181页	© Wikipedia, Getty images
186页	Wikipedia Commons©Look and Learn
187页	Wikipedia Commons© Popo le Chien
188页	© Dmitri Kessel/The LIFE Picture Collection via Getty Images
189页	© Three Lions/Getty Images
190页	© robertharding / Alamy